KFVR

Konrad Lipphardt

Beiträge zur Geschichte Bad Hersfelds und Umgebung

Stationen und Wegmarken

Lipphardt, Konrad:
Beiträge zur Geschichte Bad Hersfelds und Umgebung -
Stationen und Wegmarken
Gladbeck: KFVR - Kulturförderverein Ruhrgebiet e.V., 2000

KFVR-Verkehrsnr. 69643
KFVR-ISBN-Verlagsnr. 3-931300

Einbandgestaltung, Satz und Projektmanagement: buchgestaltung.de
Logo KFVR: Frank Lucas
Druck: LIBRI - books on demand

ISBN 3-8311-0555-3

Inhalt

Teil I

Material zur Geschichte Bad Hersfelds

1. Fünf Stationen Hersfelder Stadtgeschichte

1.1 Die Gründung Hersfelds - die Stiftskirche

Sturmius, aus Bayern stammend, von Bonifatius christlich erzogen, von Wigbert zum Priester geweiht, hatte unter letzterem drei Jahre als Priester und Heidenbekehrer in der Umgebung

Fritzlars gewirkt. Um 736 gelangte er mit zwei Begleitern nach Härulfisfeld, einer verlassenen Siedlung an einer später Frauenberg genannten Anhöhe, die sicher einem Manne namens Härulf gehört hatte. Andere Leute müssen in der Nähe gewohnt und ihm diesen Namen überliefert haben. Sturmius wollte in der Einöde Gott dienen und baute an der Stelle des späteren Klosters kleine rindenbedeckte Häuschen (Bericht seines Freundes Eigil). Nach einigen Jahren suchte Sturm Bonifatius wieder auf und beschrieb die Lage der neuen Ansiedlung. Bonifatius warnte ihn jedoch vor der Nähe der räuberischen Sachsen und hieß ihn, weiter nach Süden in die Buchonia vorzudringen. Aber erst nachdem weitere Jahre vergangen waren, machte sich Sturmius erneut auf, um eine neue Stelle für ein Kloster zu finden. In einer Talaue südlich der Mündung der Lüder in die Fulda fand er diese Stelle, die auch Bonifatius als geeignet erschien. So wurde hier im Jahre 744 das Kloster Fulda gegründet, dessen erster Vorsteher Sturmius wurde. Zehn Jahre später im Jahre 754 wird der Angelsachse Lullus (Lull, geb. 705 in Wessex) Nachfolger des Bonifatius auf dem Mainzer Bischofsstuhl. Sogleich entsteht ein Streit zwischen Sturm und Lull über die Privilegien des Klosters Fulda. Bonifatius hatte nämlich dem Kloster Fulda beim Papst ein Privilegium erwirkt, kraft dessen es nicht der Hoheit und Gerichtsbarkeit des Bischofs in Mainz, sondern unmittelbar dem Papst in Rom unterstellt war. Er hatte damals die Einflußnahme fränkischer Könige auf die Besetzung geistlicher Ämter verhindern wollen. Andererseits lag dieses nur vom Papst abhängige Kloster mitten im Bistum Mainz, und seine Mönche zogen missionierend durch den Bistumsbezirk. Sicher auch aus dieser Gegnerschaft zu Fulda gründete Lullus im Jahre 769 das Kloster Hersfeld, dessen von Sturm gegründete mönchische Siedlung niemals ganz aufgehoben worden war. Es wurde den Aposteln Simon und Judas Thaddäus geweiht. Karl d. Gr. unterstützte Lullus bei der Gründung des Klosters, das ihm bei der Sicherung der Ostgrenze seines Reiche helfen sollte. Im Jahre 780 wurden die Gebeine des hlg. Wigbert von Büraberg bei Fritzlar nach Hersfeld gebracht (heimlich und bei Nacht, aber sicher nicht ohne die Billigung des Königs): eine wundertätige Reliquie war damals wichtig. Am 16. Oktober 786 starb Lullus 80-jährig in Hersfeld. Auf dem Laufbrunnen vor dem Rathaus steht seine Idealfigur. Eine Hersfelder Heilquelle trägt seinen Namen. Anläßlich der Weihe des unter Abt Bun

831 begonnenen und 852 unter Abt Brunwart vollendeten Baus einer neuen, großen Basilika und der Überführung der Gebeine des Lullus in diese Kirche wurde das Lullusfest begründet. Es war zunächst ein reines Kirchenfest und ist heute ein Volksfest. Es liegt in der Woche, in die der 16. Oktober fällt, dem Todestag des Lullus. Das Lullusfeuer wird nach einer Wechselrede zwischen dem Bürgermeister und dem Feuermeister jeweils am Montag entzündet. Um 12°° Uhr läutet die Lullusglocke, die älteste Glocke Deutschlands. Abt Meginher ließ sie 1038 gießen. Sie hängt im Katharinenturm. Im gleichen Jahre brannte die Klosterkirche ab. Abt Meginher begann sogleich mit dem Neubau, der nach 106-jähriger Bautätigkeit im Jahre 1144 geweiht werden konnte. Die neue Stiftskirche war die größte romanische Hallenbasilika nördlich der Alpen. Sie war 103,50 m lang, im Querschiff 56 m und im Längsschiff 31 m breit und bedeckte eine Fläche von über 3000 m². Im Siebenjährigen Krieg diente die riesige Stiftskirche als Vorratslager für die französische Armee. Es befanden sich dort 80 000 Säcke Mehl, 50 000 Säcke Hafer und eine Million Ballen Heu und Stroh, die die Franzosen bei ihrem Rückzug anzündeten, um sie nicht in die Hände der preußischen Alliierten fallen zu lassen. Die Stiftskirche brannte aus. In wenigen Stunden war verbrannt, was in 700 Jahren mit viel Fleiß aufgebaut und erhalten worden war. Noch ein halbes Jahr später schlugen die Flammen empor, wenn man in der Asche stocherte. Die Ruine, in der heute die Festspiele aufgeführt werden, wurde lange Zeit als Steinbruch benutzt.

1.2 Die Entwicklung von Stift und Stadt

Lullus hatte es verstanden, seine Stiftung zu Reichtum und Ehren zu bringen und insbesondere den Frankenkönig Karl, den späteren Kaiser Karl d. Gr., für Hersfeld zu interessieren. Auf dem im Januar des Jahres 775 in Quierzy abgehaltenen Reichstag nahm der König das Kloster in seinen und seiner Nachkommen Schutz und gab ihm außergewöhnliche Vorrechte: das Recht der freien Abtswahl durch die Brüder (Mönche) und die Befreiung von jeder bischöflichen und gräflichen Gewalt. Dadurch wurde die Abtei dem König unmittelbar unterstellt und die spätere Stellung des Abtes als Reichsfürst angebahnt. Aber auch zahlreiche Schenkungen an das Kloster (Landbesitz, Ortschaften, Zehntabgaben, Kirchen u.s.w.) beweisen Karls Gunst. Aus jener Zeit ist ein Güterverzeichnis des Klosters, das „Breviarium Lulli" (breviarium = kurzes Verzeichnis), erhalten geblieben. Nach diesem Breviarium hatte das Kloster in karolingischer Zeit bereits rund 60 000 Morgen Land in Besitz, der sich auf 132 Orte verteilte. Davon lagen 132 Orte mit 3/4 des gesamten Grundbesitzes in Thüringen und zwar größere Gebiete bei Gotha und an der Unstrut. Die anderen Besitzteile verstreuten sich bis an die Mosel, an den Rhein und nach Westfalen hinein. Je stattlicher und reicher nun der Besitz des Klosters wurde, um so weniger konnten sich die Mönche selbst um die wirtschaftlichen Dinge kümmern, die sie bis dahin in eigenhändiger Arbeit erledigt hatten. Sie zogen deshalb immer mehr abhängige Leute als Arbeiter heran, die sich auf der Nord- und Ostseite des Klosters ansiedelten. Hinzu kamen Leute, die in unsicheren Zeiten - erinnert sei an die Ungarneinfälle - die sicheren Mauern des Klosters zu schätzen wußten. So entstand

neben dem Kloster allmählich eine Stadt. Zu Ehren der Heiligen (Lullus und Wigbert) wurden in ihr Kirchenfeste abgehalten, denen sich Märkte mit vielen Händlern anschlossen. Der Abt verkündete den Marktfrieden. Äußeres Zeichen dafür war das vor dem Stift stehende Steinkreuz. Im Jahre 1142 wurde Hersfeld erstmals als Marktort urkundlich erwähnt. Durch seine Lage an der „Reichsstraße", einer alten Handelsstraße zwischen Frankfurt und Leipzig, die hier die Fulda und Haune auf früh erbauten Brücken überquerte, wurde Hersfelds Entwicklung weiter gefördert. Die Stadt erhielt eigene Stadtmauern und wurde im Jahre 1170 erstmals als befestigter Ort (civitas) erwähnt. In Hersfeld wuchs deshalb auch bald sehr stark die Gruppe der freien Bürger, die zu freier Leihe Grundstücke gegen Zins erworben hatten. Auch wer als Unfreier zuzog, aber Jahr und Tag am Ort gesessen hatte, ohne von seinem früheren Herren zurückgefordert worden zu sein, wurde frei (Stadtluft macht frei). Diese Bürger unterstanden einem „Stadtgericht", bei dem ein zunächst vom Abt frei ernannter Schultheiß den Vorsitz führte. Neben diesem Niedergericht entschied das Hofgericht unter dem persönlichen Vorsitz des Abtes unter der Linde im Stiftshof über schwerere Verfehlungen wie Blutfrevel und Kriminalfälle. Daneben gab es freilich auch noch den Rest der alten unfreien Bauern- und Handwerkerfamilien, die den ersten Grundstock der Ansiedlung gegeben hatten. Sie unterstanden dem Gericht des Abtes.

1.3 Der Kampf zwischen Stift und Stadt - die Vitalisnacht von 1378

Wegen des verstreuten Besitzes des Klosters hatten die Äbte oft Streit mit den Herren in der Nachbarschaft. Fehden, die viel Geld kosteten, wurden ausgetragen und nicht immer gewonnen. So machten die Äbte Schulden, Rechte wurden verpfändet oder gingen verloren und die Stadt Hersfeld selbst weigerte sich oftmals, ihrem Landesherren die von diesem geforderten Steuern zu zahlen, so daß Abt Berthold von Völkershausen im Jahre 1371 das Reichshofgericht anrufen mußte. Nachdem auch die Kaisermacht im deutschen Reiche immer mehr zerfallen war, versuchten einige größere Fürsten im Reiche, ihre Macht zu Lasten der kleineren Herrschaften auszudehnen. Diese schlossen sich in unserer Gegend unter der Führung des Grafen von Ziegenhain zum Sternerbund zusammen. Zu ihm gehörte auch der Abt von Hersfeld. Die Stadt hingegen stellte sich wegen des Streites mit dem Abt auf die Seite der Gegenpartei, nämlich auf die Seite der Landgrafen von Hessen und Thüringen. Im Jahre des o.g. Reichshofgerichtsverfahrens war es zwischen den Sternern und den beiden Landgrafen zum Kampf um die Sternerburg Herzberg gekommen. Ein starkes Sternerheer zwang die Landgrafen zur Flucht. Landgraf Hermann von Hessen schlug sich mit seinem Heerhaufen nach Marburg durch. Landgraf Balthasar von Thüringen jedoch zog mit seinen Leuten nach Hersfeld und begehrte wegen der nachrückenden Sternerritter Einlaß in die Stadt, hinter deren Mauern er sich bergen wollte. Als sich auf Nachfrage der Hersfelder Bürger, wie sie sich verhalten sollten, der Abt als „Sterner" zu erkennen gab, ließen die Hersfelder den Landgrafen und seine Leute in ihre Stadt ein. Das ärgerte den Abt sehr, weil ihm dadurch Beute und Lösegeld entgangen war. Im Jahre 1373 schloß die Stadt sogar ein Schutz- und Trutzbündnis mit den Landgrafen ab. In der Folgezeit kam es öfters zu Ärgernissen zwischen dem Abt und der Stadt, so etwa als die Bürger den Stiftsknechten einen Untertanen des Grafen von Schwarzburg, der ein Feind des Abtes war, wieder entrissen. Immerhin war dem Abt wieder ein saftiges Lösegeld entgangen. Als der Abt den Gefangenen wieder herausforderte, erklärten die Hersfelder, „sie hätten so hohe Mauern und so tiefe Gräben, täte es not, so wollten sie schon wieder zu Gnaden kommen." Der Abt sann auf Rache. Die Burgmannen und die Knechte des Abtes sollten zusammen mit den Sternerrittern aus der Nachbarschaft wie Eberhard von Buchenau, Simon von Haune, zwei Herren von der Tann und anderen in der Nacht vom 27. auf den 28. April 1378 die Stadt erstürmen. Die Vorbereitungen wurden in aller Heimlichkeit getroffen. Doch Simon von Haune konnte das mit seiner ritterlichen Ehre nicht vereinbaren und kündete durch einen Brief, den er am Peterstor abgeben ließ, der Stadt die Fehde an. Die Räte und Schöffen der Stadt, die der Abt zu einem Imbiß hatte einladen lassen, bei dem er kräftig einschenken ließ, um sie betrunken zu machen, waren schnell wieder nüchtern. Im Haus des Stiftsdekans am Markt fand man sieben Leute, die wohl den Auftrag hatten, den Angreifern die Stadttore zu öffnen. Man schleppte sie auf den Markt und schlug ihnen die Köpfe ab. Die Mauern wurden besetzt und die in der Stadt gelegenen Häuser der Stiftsherren geplündert. Desgleichen schlug man ein Loch in die Stiftsmauer. Man drang in das Stift ein und plünderte es ebenfalls, da sich seine Besatzung ja draußen bei den angreifenden Sternern befand. Als nun die Feinde in der Morgendämmerung vom Finstertale (den heutigen „Alpen") her sich den Mauern näherten, wurden sie von einem Hagel von Geschossen überschüttet. Als sie trotzdem zum Sturmangriff vorgingen, wurden sie blutig zurückgeworfen. Der Ritter Eberhard von Engern, der sich kurz zuvor gerühmt hatte, er habe schon neun Städte erstiegen und wolle nun auch mit der zehnten fertig werden, fand hier den Tod. Ein Armbrustschütze hatte ihm beim Ersteigen der Mauern durch den eisernen Helm in die Stirn geschossen. Seine durchbohrte Haube hängte man als Siegestrophäe an das Rathaus. Heute liegt sie im Museum. An ihrer Stelle hängt am Rathaus eine Nachbildung. Nun kam es zu einem fürchterlichen Rachekrieg gegen die Stadt und ihre Bewohner, die die Stiftsherren mißhandelt und einige auch hingerichtet hatten. Die Stadt wurde vom Handelsverkehr abgeschnitten, die

Vorstadt wurde zerstört, einzelstehende Mühlen wurden verbrannt, Obstbäume wurden abgehauen und Felder verwüstet. Aber auch tagelanger Beschuß mit Büchsen und Armbrüsten konnte die Stadt nicht bezwingen. Sie zahlte sogar mit gleicher Münze zurück. Zahlreiche Ausfälle und Streifzüge führten die Bürger in das Gebiet des Abtes und der verbündeten Ritter, wobei jedesmal die Fluren verwüstet und zahlreiche Dörfer, so Rotensee und Rohrbach, in Flammen aufgingen. Nach zweimonatigem fürchterlichem gegenseitigem Zerfleischen waren beide Seiten, Stift und Stadt, am Ende ihrer Kräfte. Der Streit verebbte durch drei Jahre hin in Gerichtsstuben und Aktenstößen. Nach der Einigung im Jahre 1381 erkannte der Abt zwar die von der Stadt erworbenen Freiheiten an, die Stadt dagegen gewährte dem Abt Rechte an zwei Mühlen und leistete Schadenersatz für die durch Grabenbau bei der Verteidigung der Stadt an Stiftsäckern entstandenen Schäden. Zwischen Stifts- und Stadtmauer sollte auf ewig ein sechzehn Fuß breiter Streifen unbebaut bleiben. Beide Seiten, Stift und Stadt, waren so geschwächt, daß sie Landgraf Hermann zu ihrem Vormund und Schutzherren wählten.

1.4 Abt Krato - Luther in Hersfeld

Hersfeld war eine der hessischen Städte, in der die Reformation festen Fuß faßte. Das hatte seinen Grund darin, daß man hier die bösen Zustände, die zu jener Zeit im Klosterleben herrschten, so recht vor Augen hatte. Selbst die Bettelorden waren entartet. So war es auch bei dem Franziskaner- oder Barfüßerkloster in Hersfeld, das 1269 erstmals genannt wird und am Platz der ehemaligen „Alten Klosterschule" stand (daher der Name), wo sich aber heute die „Konrad-Duden-Schule" befindet. Die Klöster waren Stätten der Habsucht, Schlemmerei, Sittenlosigkeit und anderer Laster geworden. Wegen dieser Verderbnis stand selbst der im Jahre 1516 gewählte Abt Krato der neuen reformatorischen Lehre Luthers nicht etwa feindlich gegenüber. Krato stammte aus Hungen im Vogelsberg, hieß eigentlich Kraft Miles und war der erste Bürgerliche auf dem Abtsstuhl. Als er hörte, daß Luther auf seiner Reise von Worms, wo er vor dem Reichstag gestanden hatte, nach Eisenach auch nach Hersfeld kommen würde, schickte er ihm seinen Kanzler und Rentmeister eine gute Meile Weges entgegen. Er selbst empfing ihn auf dem Eichhof und geleitete ihn mit großem Gefolge zur Stadt, wo Bürgermeister und Rat ihn am Johannestor begrüßten. Der Abt bewirtete ihn und wies ihm Herberge in seinem Schlosse an. Am anderen Morgen, dem 1. Mai, um 5^{oo} Uhr predigte Luther dann in der Stiftskirche vor dem Abt und wenigen geladenen Gästen. Er hatte zunächst deswegen Bedenken gehabt, denn es war ihm in Worms vor seiner Abreise verboten worden, auf der Rückreise nach Wittenberg irgendwo zu predigen. Er befürchtete auch, daß der Abt in Ungelegenheiten wegen seiner Predigt kommen könne. Doch die dringenden

Bitten des Abtes und der Umstand, daß er ja nicht öffentlich auftreten, sondern nur vor einem geladenen Kreis sprechen sollte, ließen ihn seine Bedenken zurückstellen. Abt Krato geleitete sodann Luther auf seiner Reise nach Eisenach bis zum Walde (hinter Sorga - die alte Vachaer Straße führte hinter Sorga durch den Wald an Gosselndorf* vorbei nach Friedewald), während sein Kanzler noch bis Berka, also bis zur Grenze des Stifts, bei ihm bleiben mußte. Hier wurden alle noch einmal auf Kosten des Abts bewirtet, und dann nahmen die Hersfelder Abschied von Luther. Die Selbständigkeit des Hersfelder Stiftsstaates ging jedoch bald zu Ende. Nachdem Landgraf Philipp im Jahre 1525 dem Abt geholfen hatte, in seinem Gebiet den Bauernaufstand niederzuschlagen, präsentierte er diesem die Rechnung. Neben anderem ging die Hälfte der Stadt in den Besitz des Landgrafen über. Hersfeld hat seitdem neben dem Doppelkreuz auch den hessischen Löwen im Stadtsiegel. Nach dem 30-jährigen Krieg, in dem Hersfeld auch wieder einmal katholisch geworden war, wurde die Abtei Hersfeld im Westfälischen Frieden in ein weltliches Fürstentum umgewandelt und als Reichslehen den Landgrafen von Hessen zugesprochen.

* Gosselndorf ist heute eine Wüstung. Die Ruine seiner Kirche (Kirchturm) ist heute von der Autobahn aus zu sehen. (Ruine Gißlingskirche)

1.5 Aufruhr gegen Napoleons Soldaten - Rettung der Stadt durch Lingg

Nach der Schlacht bei Jena und Auerstädt im Jahre 1806, in der Preußen von den Truppen Napoleons besiegt worden war, kam ein französisches Armeekorps unter Mortier, das 8 000 Mann stark war, von Bodes nach Eitra her an die kurhessische Grenze. Mit einem kleinen Kommando von etwa 10 Mann stand damals Stabskapitän Wilhelm Rosenkranz bei Sieglos auf der Straße und verwehrte den Franzosen den Einmarsch in das neutrale Kurhessen. Das geschah am 20. Oktober 1806. Die hessischen Soldaten wurden entwaffnet, Hersfeld wurde als erste kurhessische Stadt besetzt und das hier liegende hessische Regiment ebenfalls entwaffnet. Die Franzosen zogen weiter nach Kassel. Die Entwaffnung des hessischen Heeres, die fortdauernden Truppendurchzüge mit ihren Requisitionen und Gewalttätigkeiten (in Hersfeld wurde u.a. ein Bauer aus Niederjossa namens Kalbfleisch beim Klaustor infolge eines Wortwechsels von französischen Soldaten niedergeschossen), schließlich der Versuch, die entlassenen hessischen Soldaten zwangsweise in französische Kriegsdienste zu stellen, riefen im ganzen Lande einen grimmigen Zorn gegen die Unterdrücker hervor. Am Tage vor Weihnachten rückte eine Kompanie des 1. leichten italienischen Infanterieregiments, 160 Mann stark, in Hersfeld ein. Sie sollte am anderen Morgen nach Kassel weitermarschieren. Die Soldaten wurden bei den Bürgern einquartiert, mit denen sie sich allerdings nur durch Gebärdensprache verständigen konnten. Ein Sergeantmajor geriet mit seinem Wirt, dem Tuchbereiter Georg Adam Pforr in der Wallengasse, in Streit, warf ihm das vorgesetzte Mittagessen unter den Tisch, fluchte und schimpfte und griff schließlich nach seinem Degen. Der bedrohte Pforr riß das Fenster auf und rief sein „Bürgerrecht! Bürgerrecht!" hinaus auf die Gasse, so daß die Nachbarn eilends zu Hilfe kamen. Aber auch die Soldaten wurden auf den Tumult aufmerksam und sprangen ihrem Kameraden bei. Es kam zu einer wüsten Schlägerei, und der Hauptmann der Italiener ließ Generalmarsch schlagen. Die Soldaten, die sich auf dem Marktplatz sammelten, wurden von den Bürgern, die ganz außer Rand und Band geraten waren, weil das Gerücht aufkam, die Italiener wollten die entlassenen hessischen Soldaten nach Kassel transportieren, beschimpft, angegriffen und mißhandelt. Dabei fielen einige Schüsse. Aus dem Haus des Sattlers Georg Seelig an der linken Ecke der Webergasse wurde ein Italiener erschossen. Der Hauptmann wurde zu Boden gerissen, eine Frau schlug ihm mit einem Knüppel einige Zähne aus, aber es gelang ihm noch, seine Truppe durch das Frauentor zur Stadt hinauszuführen, bis ihm die alarmierten Kalkobeser (Kalkobes ist heute ein Stadtteil Hersfelds) den Rückzug abschnitten und er die Waffen strecken mußte. Im Triumpf brachte man die Gefangenen in die Stadt zurück. Dem Siegesrausch folgte sehr bald unter dem Einfluß des besonneneren Teils der Bevölkerung die Ernüchterung. Man fürchtete eine Bestrafung der Stadt durch die Franzosen, in deren Reihen ja die Italiener kämpften. Der Bürgermeister Gesing reiste in Begleitung des italienischen Hauptmannes nach Kassel zum französischen Generalgouverneur Lagrange, um für die Stadt um Gnade zu bitten. Dieser befahl, die Überfallenen in jeder Hinsicht zu entschädigen und sicher nach Kassel zu geleiten, was sich als unmöglich erwies, da ganz Niederhessen in Aufruhr war. So zogen die Italiener nach Fulda, wo sie vom dortigen französischen Gouverneur übernommen wurden. Inzwischen hatten die am Aufruhr Hauptbeteiligten das Weite gesucht. Zu Beginn des folgenden Jahres, also 1807, erschien der französische General Barbot mit 2 500 Mann und besetzte die Stadt. Unter den Truppen befanden sich auch die mißhandelten Italiener und zwei Kompanien badischer Jäger unter dem Befehl von Oberstleutnant Johann Babtist Lingg. Die Stadt mußte 5 000 Taler, 5 000 Paar Schuhe und 1 000 Soldatenmäntel abliefern. Das Haus in der Webergasse, aus dem der verhängnisvolle Schuß gefallen war, wurde unter den Klängen von Militärmusik dem Erdboden gleichgemacht. Ein ehemaliger hessischer Soldat, bei dem ein Gewehr gefunden worden war, wurde erschossen. Dann rückte Barbot mit den Franzosen ab, die Badenser und Italiener blieben zurück. Am 18. Februar erschien jedoch Barbot erneut mit 800 Mann und teilte den städtischen Behörden den Befehl Napoleons zur Bestrafung Hersfelds mit. Die Stadt solle ausgeplündert und in der Mitte und an den vier Ecken angezündet und verbrannt werden. Die Vollstreckung der Strafe sei dem Oberstleutnant Lingg übertragen. Dann zog er mit seinen Truppen ab und ließ Lingg mit seinen badischen Jägern allein zurück. Sofort ließ er die Bewohner, die durch die schnell bekannt gewordene Kunde von dem kaiserlichen Befehl in furchtbare Aufregung geraten waren, beruhigen. Der Befehl des Kaisers müsse zwar vollzogen werden, man werde also die ausgewählten (alleinstehenden) Häuser anzünden. Man solle sie jedoch ruhig abbrennen lassen und sich keinerlei Widersetzlichkeiten zuschulden kommen lassen. Sollte der Brand um sich greifen, was nicht wahrscheinlich sei, so dürfe man löschen. Seinen Soldaten, die auf dem heutigen Linggplatz standen, rief er zu: „Soldaten, der Befehl zur Plünderung ist gegeben, sie ist uns übertragen und jedem erlaubt. Ich hoffe jedoch nicht, daß ein badischer Jäger in einer Stadt, in der er so viel Gutes genossen hat, plündern wird. Wer aber doch Lust zu plündern hat, der trete vor." Das tat jedoch keiner, und Lingg marschierte mit seinen Soldaten durch das Peterstor ab. Nachdem das lähmende Entsetzen, das die Bürger gepackt hatte, allmählich wieder geschwunden war, eilte eine Abordnung Lingg nach, um ihm die Dankbarkeit der

Bürgerschaft auszusprechen und eine Ehrengabe zu überreichen. Lingg lehnte Dank und Gabe ab, man solle dem danken, in dessen

Auftrag er gehandelt habe. Er fand sich jedoch bereit, dem Maler Karl, den die Abordnung mitgenommen hatte, zu einem Bilde zu sitzen. Nach der Befreiung des Landes von den Franzosen wurde er Ehrenbürger der Stadt, ein Platz in der Stadt erhielt seinen Namen, und die Kurfürsten Wilhelm I. und Wilhelm II.

ehrten ihn mit der Verleihung des hessischen Löwenordens und des erblichen Adels. Als Generalleutnant Lingg von Linggenfeld ist er 1842 in Mannheim gestorben

2. Daten zur Geschichte Hersfelds

736   Sturmius (Sturm), aus Bayern stammend, von Bonifatius christlich erzogen, von Wigbert zum Priester geweiht, kommt nach Hersfeld (Haerulfisfeld); er baut ein mit Rinden   gedecktes Kirchlein; nach dem Bericht Eigils, eines Freunde des Sturmius, handelte es sich bei diesem Ort um eine verlassene Siedlung am Frauenberg, die sicher einem Manne namens Haerulf gehört hatte; andere Leute müssen in der Nähe gewohnt haben, die Sturmius diesen Namen überliefert haben; Sturmius war in die Einöde Buchonias gezogen, um hier Gott zu dienen, nachdem er unter Abt Wigbert drei Jahre lang als Priester und Heidenbekehrer in der Umgebung Fritzlars gewirkt hatte.

744   Sturmius gründet das Kloster Fulda, nachdem er auf Geheiß des Bonifatius wegen der Nähe der Sachsengrenze weiter in die Buchonia vorgedrungen war.

754   Lullus (Lull), der Angelsachse (* 705 in Wessex), wird Nachfolger des Bonifatius auf dem Bischofsstuhl in Mainz; zwischen ihm und Sturmius entsteht Streit über Privilegien des Klosters Fulda (die Hoheit und Gerichtsbarkeit unterstand nicht dem Mainzer Bischof sondern direkt dem Papst).

769   Lullus gründet aus Konkurrenzgründen zu Fulda ein Benediktinerkloster in Hersfeld, dessen von Sturmius gegründete mönchische Siedlung niemals aufgegeben worden war (Fundamente eines Kirchleins wurden im Südflügel des Querhauses der Stiftsruine gefunden); das Kloster wird den Aposteln Simon Zelotes und Judas Thaddäus geweiht, von denen Reliquien im Kloster ruhten; außerdem wurde nach der Niederwerfung der heidnischen Sachsen durch Karl d. Gr. im Jahre 772 ein der Sachsengrenze näher gelegenes Missionskloster wichtig.

769 - 786 Abt Lullus

775   Das Kloster Hersfeld wird auf dem Reichstag von Quierzy von Kaiser Karl d.Gr. in seinen und seiner Nachkommen Schutz genommen und mit außergewöhnlichen Vorrechten ausgestattet: das Recht der freien Abtswahl durch die Brüder (Mönche), die Befreiung von jeder bischöflichen (eine Spitze gegen Fulda) und gräflichen Gewalt u.a.; dadurch wird die Abtei dem König unmittelbar unterstellt und die spätere Stellung des Hersfelder Abts als Reichsfürst angebahnt; in geistlicher Hinsicht untersteht die Abtei direkt dem Papst in Rom; reiche Schenkungen Karls an das Kloster (Landbesitz, Ortschaften, Zehntabgaben, Kirchen u.s.w.); nach dem „Breviarium Lulli", einem Zehntverzeichnis, besaß das Kloster in karolingischer Zeit rund 60 000 Morgen Land, verteilt auf 193 Ortschaften, von denen 132 Ortschaften mit etwa 3/4 des gesamten Besitzes in Thüringen lagen.

780   Lullus läßt die Gebeine des hlg. Wigbert, des ersten Abts von Fritzlar und Erziehers des Sturmius, von Büraberg bei Fritzlar nach Hersfeld überführen; das Kloster wird dadurch zum Wallfahrtsort.

28.Juli 782 Karl d. Gr. besucht die Abtei Hersfeld.

16.Okt. 786 Todestag von Lullus; er und Witta, der Bischof von Büraberg und Freund seiner Jugend, werden in der Klosterkirche begraben; Lulls Grab ist verschwunden, aber Wittas Sarkophag mit dem steinernen Kopfkissen ist noch heute in der Stiftsruine zu sehen.

786(?)(802) - 813 Abt Richulf

798   Abt Balthart

um 800 Da es den Frauen der Klosterhörigen und der Neusiedler bei dem Kloster nicht erlaubt war, das Gotteshaus der Mönche zu betreten, weil es innerhalb der klösterlichen Klausur lag, erbaute man ein Kirchlein auf einer Anhöhe oberhalb des Klosters; es war der Gottesmutter, „Unserer lieben Frau", geweiht und gab daher auch dem Berg seinen Namen: Frauenberg; um 1100 baute man eine größere Kirche; sie wurde später zu einer Klause für freiwillig dienende Frauen und Mädchen („Beginen"), die sich ohne Ordensregel zum Dienst an Armen und Kranken zusammenfanden; hauptsächlich wurden bedürftige alte Frauen betreut; noch

1531 werden die „Klausnerinnen" auf dem Frauenberg erwähnt, aber schon 1608 erscheint die Klause auf dem Kupferstich von Dillich als Ruine; von dieser zweiten Kirche sind noch Reste des spätromanischen Ostchores vorhanden, die 1958 in den Bau einer neuen Kapelle einbezogen wurden, die der evangelischen Jugendbildungsstätte als Andachtsraum dient.

813 - 820 Abt Brunwart I.

820 Kaiser Ludwig der Fromme nimmt die Abtei Hersfeld in seinen Schutz und bestätigt die Schenkungen seines Vaters Karl.

820 - 840 Abt Bun

831 Unter Abt Bun wird der Bau einer Großbasilika begonnen; schon unter ihm steht die Klosterschule in hohem Ruf; ihr Vorsteher war damals Haimo, der später Bischof von Halberstadt wurde; man glaubt auch, daß zu dieser Zeit der unbekannte Dichter des „Heliand" seine theologische Ausbildung in Hersfeld erhielt.

840 - 875 Abt Brunwart II.

850 Vollendung des Kirchenbaus unter Abt Brunwart.

852 Begründung des Lullusfestes als eines (zunächst) reinen Kirchenfestes zum Gedächtnis des heiligen Lullus anlässlich der Überführung seiner Gebeine in die neue Stiftskirche.

875 - 892 Abt Druogo

892 - 901 Abt Harderat

902(?) - 919 Herzog Otto

912 - 927 Abt Diethart I.

915 Erste Einfälle der Ungarn. Die Freifläche des heutigen Marktplatzes Hersfelds, der früher „Ebenheit" hieß, ist möglicherweise in dieser Zeit der Ungarneinfälle als Fliehburg angelegt worden. In den Miraculi S. Wigberti, die 936 oder früher in Hersfeld entstanden sind, wird von einem Burgenbau berichtet, an einem Ort, an dem sowohl Männer als auch Frauen in der Nähe des Klosters zusammenkommen konnten. Die sich an das Stift anschließenden Befestigungslinien sollen sich parallel zu den Häuserfronten des heutigen Marktplatzes erstreckt haben. Die Anlage der bürgerlichen Marktsiedlung, die rund um das heutige Rathaus in der ersten Hälfte des

11. Jahrhunderts entstanden war, soll auf diese ältere Befestigung Rücksicht genommen haben. Es gibt auch die Meinung, dass der Marktplatz gewissermaßen als Restfläche zwischen den beiden Siedlungen, dem Stift und der Marktsiedlung, übrig geblieben ist. Andererseits waren die Häuser an der „Ebenheit" zunächst von Ministerialen und anderen Amtspersonen und nicht von Bürgern bewohnt. Was nun auch immer richtig ist, es erklärt sich damit die für westdeutsche Städte außergewöhnliche Größe des Marktplatzes.

927 - 928 Abt Diethart II.

928 - 932 Abt Burchard I.

932 - 935 Abt Megingoz; er erbaut die Wachsenburg, eine der drei Gleichen, um die thüringischen Besitzungen des Hersfelder Klosters zu schützen; nach Megingoz ist auch das Dorf Mengshausen benannt; sehr wichtig ist die landwirtschaftliche Tätigkeit der Mönche, denn es galt, die Ländereien, die dem Kloster geschenkt worden waren, dem Wald zu entreißen und unter den Pflug zu nehmen; hatte man zunächst wohl nur aus Holz gebaut, so legt man bald Kalköfen an (der Hersfelder Stadtteil Kalkobes hat daher seinen Namen), brennt Ziegelsteine und holt Bruchsteine aus den nahen Bergen.

935 - 959 Abt Hagano

959(?)(960) - 963 Gunther I.

963 - 970 Abt Egilolf

970 - 985 Abt Gotzbert; Verwilderung der Klosterzucht.

985 - 1005 Abt Bernhard; er läßt die harte benediktinische Klosterzucht weiter verkommen. Um 1000 Abt Bernhard gründet ein dem hlg. Petrus geweihtes Kloster auf dem Petersberg.

1005 - 1012 Abt Godehard, vorher Abt von Nieder-Altaich; seine Berufung erfolgt nach dem Tode von Abt Bernhard durch Kaiser Heinrich II., das Recht der hersfeldischen Mönche auf freie Abtswahl mißachtend; Godehard stellt die Hersfelder Mönche vor die Wahl, entweder von nun ab nach den Regeln Benedikts zu leben, oder aber das Kloster zu verlassen; seine Klosterreform hat Erfolg: an die Stelle von Prunksucht und Wohlleben tritt wieder benediktinische Bedürfnislosigkeit; nach Godehard ist der St. Gotthard in den Alpen benannt.

1012 - 1031 Abt Arnold, ehemaliger Mönch von Nieder-Altaich; ergründet ein Kloster zu Ehren des hlg. Johannes auf dem Johannesberg.

1031 Abt Bardo

1031 - 1036 Abt Rudolf

1036 - 1059 Abt Meginher

1038 Abt Meginher läßt die Glocke im Katharinenturm gießen; sie ist die älteste Glocke Deutschlands; Brand der Klosterkirche; der sofortige Wiederaufbau wird begonnen.

1040 Vollendung der Krypta.

1058 Lambert, später als Lambert von Hersfeld bekannt, tritt unter Abt Meginher in das Kloster ein; er war möglicherweise unter den Äbten Ruthardt und Hartwig Leiter der Hersfelder Klosterschule (sie ist nicht zu verwechseln mit dem späteren Gymnasium in dem Gebäude des Franziskaner- oder Barfüßerklosters am Neumarkt); in dem Jahrzehnt zwischen 1063 und 1073 dürfte er die „Vita Lulli", die Lebensbeschreibung des Lullus, geschrieben haben.

1059 - 1072 Abt Ruthardt

1072 - 1090 Abt Hartwig

1073 - 1074 Aufstand der Sachsen und Thüringer gegen Kaiser Heinrich IV., der sein Heer in Hersfeld sammelt; sein Sohn Konrad wird in Hersfeld geboren; dessen vergoldete Wiege soll noch lange an einem der Bögen des Querschiffes gehangen haben (Konrad stellt sich später auf die Seite der Gegner seines Vaters; er wird vom Erzbischof von Mailand in Monza zum König von Italien eingesetzt; er stirbt aber 27-jährig.

1091 - 1100 Abt Friedrich; er stellt Hersfelds erschütterte Stellung in Thüringen wieder her und residiert deshalb zumeist auf der Wachsenburg, wo er auch gestorben ist.

1100 - 1102(?) Abt Günther II.

1102 - 1114 Abt Reginhard

1114 - 1127 Abt Adelmann

1127 - 1155 Abt Heinrich I. von Bingarten; unter ihm erlebt die Abtei einen Höhepunkt ihrer Geschichte; der kaisertreue Abt befindet sich oft auf Reichs- und Hoftagen, und wiederholt ist Kaiser Konrad III. zu Gast in Hersfeld; in der Nähe Hersfelds sammelt sich auch das Heer, das 1139 gegen den aufrührerischen Herzog Heinrich d. Stolzen aufgeboten wurde (Hie Welf! - Hie Waiblingen!); kurzzeitig wird Heinrich auch Abt von Fulda.

1142   Die Stadt Hersfeld wird erstmals als Marktort genannt; durch ihre Lage an der „Reichsstraße", einer alten Handelsstraße zwischen Frankfurt und Leipzig, die hier die Fulda und Haune auf früh erbauten Brücken überquerte, wurde Hersfelds Entwicklung weiter gefördert; während des Marktes stand der Ort unter dem Marktfrieden, der allen Besuchern Schutz für ihre Person und für ihr Eigentum garantierte; äußeres Zeichen des Marktfriedens war oft ein steinernes Kreuz; man darf sicher das vor dem Stift stehende Steinkreuz als ein solches betrachten; den ältesten Grundstock der Bevölkerung hatten die unfreien Bauern- und Handwerkerfamilien gebildet, die dem Kloster gehört hatten; hinzu waren Leute gekommen, die Grundstücke zu freier Leihe gegen Zins erworben hatten; eine dritte Gruppe waren zugewanderte Unfreie, die nach Jahr und Tag, wenn sie von ihrem früheren Herrn nicht zurückgefordert worden waren, frei geworden waren (Stadtluft macht frei); die beiden zuletzt genannten Gruppen unterstanden dem Stadtgericht, dem ein vom Abt eingesetzter Schultheiß vorstand (im Jahre 1431 beschwerte sich der Abt darüber, daß die Stadt auch seine dort ansässigen Eigenleute gezwungen habe, Bürger zu werden); die führende Schicht der aufstrebenden Stadt waren die Tuchkaufleute oder Gewandschneider, wie sie damals genannt wurden; hinzu kamen die Wollweber, die wohl aus Flandern zugewandert waren und in Urkunden kurzerhand als Fleminge bezeichnet werden. Flurnamen wie „Hinter den Flehmen" und der „Vlämenweg" erinnern noch an sie. Daneben werden die Zünfte der Leineweber, Lohgerber (Löher), Fleischhauer und Bäcker genannt.

1144   Die neue Stiftskirche wird geweiht; sie ist die größte romanische Hallenbasilika nördlich der Alpen; die neue Kirche ist 103,50 m lang, im Querschiff 56 m und im Längsschiff 31 m breit; der Chor ist 27 m tief; die ganze Kirche bedeckt eine Fläche von über 3 000 m². König Konrad III., der bei der Weihe persönlich anwesend ist,

27

schenkt dem Kloster zur Erinnerung an den festlichen Tag einen Weinzehnten von den Reichsgütern in Ingelheim am Rhein.

1146   Konrads III. Gemahlin stirbt in Hersfeld.

1155 - 1162 Abt Willibold I.

1162 - 1165 Abt Hermann I.

1165 - 1168 Abt Burchard II.

1168 - 1175 Abt Willibold II.

1170   Hersfeld wird erstmals als Stadt (civitas) und somit als befestigter Ort genannt; die Stadt hatte vier Tore, das Peters-, Johannis-, Frauen- und das Klaustor.

1175 - 1180 Abt Adolf

1180 - 1200 Abt Siegfried; Streit mit Landgraf Ludwig III. von Thüringen über Vogteirechte. Weil die Äbte als Geistliche die Gerichtsbarkeit selbst nicht ausüben konnten, war ihnen schon von Karl d. Gr. ein angesehener, meist in der Gegend ansässiger begüterter Laie als Beihilfe in Gerichtssachen (Vogt)beigegeben worden.

1200 - 1214 Abt Johann I.

1214 - 1216(1217) Abt Heinrich II.

1216(1217) - 1239(1240) Abt Ludwig I.

1239   Abt Ludwig stiftet für Arme, Alte und Kranke das Hospital am Johannestor.

1240 - 1252 und 1255 - 1258 Abt Werner

1249 - 1252 Die Stadt wird vorübergehend vom Gegenkönig Wilhelm von Holland als Reichsstadt anerkannt.

1252 - 1254 Abt Heinrich von Fulda

1255   Hersfeld schließt sich dem Rheinischen Städtebund an.

1260/61 - 1278(1292) Abt Heinrich III.

1264   Erste urkundliche Erwähnung Hersfelder Tuchmachereien.

1269   Erste Nennung des Franziskaner- oder Barfüßerklosters.

1278 - 1300 Abt Heinrich IV.

1300 - 1302(1305) Abt Berthold I.

1302(1305) - 1315 Abt Simon I. von Buchenau; Streit zwischen Abt und Konvent um Rechte und Zuständigkeiten.

1315 - 1316 Abt Heinrich V.

1316 - 1320 Abt Andreas

1320 - 1323(?) Abt Heinrich VI. von Romrod

1323   Einweihung der Stadtkirche.

1324 - 1343 Abt Ludwig II. von Mansbach; er beginnt mit dem Bau des „Schlosses zu den Eichen" in der Fuldaaue.

1343 - 1367 Abt Johann II.von Elben; wegen ständiger Finanznöte der Abtei muß er vielerlei hersfeldischen Besitz verpfänden.

1344   Die Stadt erwirbt durch Kauf das Hospital am Johannestor mit Hospitalkirche von der Abtei.

1347   Kaiser Karl IV. verzichtet auf sein kaiserliches Judenrecht zugunsten des Abtes Johann von Elben.

1356   Die Pest wütet in Hersfeld; rund 3 000 Bewohner Hersfelds sollen gestorben sein; an sie erinnert eine Tafel in der Vorhalle an der Südostecke der Stadtkirche; weitere Pestepidemien gab es in den Jahren 1410, 1470 und 1486.

1371   Erstmals wird das Rathaus in Urkunden erwähnt; es wurde im 16.Jhd. erweitert; im 17.Jhd. wird das ursprünglich gotische Bauwerk im Stil der Weser-Renaissance umgestaltet und erhält seine schmückenden Giebel.

1367 - 1387 Abt Berthold II.von Völkershausen; in seiner Regierungszeit wird das Schloß Eichhof (Wasserschloß) vollendet.

1373   Bündnis zwischen der Stadt Hersfeld und dem hessischen Landgrafen, demzufolge der Landgraf die Stadt in ihren Fehden unterstützt.

27./28.Apr.1378 Vitalisnacht; Abt Berthold von Völkershausen versucht, sich mit Hilfe des Sternerbundes der Stadt Hersfeld zu bemächtigen, um die Stadt zur Abgabe höherer Steuern an die Abtei zu zwingen; Ritter Simon von Haune warnt die Stadt; beim Ersteigen der Stadtmauer wird der Ritter Eberhard von Engern, ein Anführer der äbtlichen Scharen, durch einen Armbrustschuß tödlich getroffen; seine durchlöcherte Sturmhaube hing zunächst am Rathaus, liegt aber heute im Heimatmuseum; Hersfelder Bürger plündern die Wohnungen der Stiftsherren im Stiftsbezirk.

1387 - 1398 Abt Reinhard von Boyneburg

1398 - 1418 Abt Hermann II.von Altenburg

1414   Erneuerung des Bündnisses zwischen der Stadt Hersfeld und dem hessischen Landgrafen.

1418 - 1438 Abt Albrecht von Buchenau; Streit zwischen Stift und Stadt; Verhaftung des Schultheißen Hermann

Gerwig; der Abt soll ihn im Kerker des Eichhofs haben verhungern lassen.

1430 Erneutes Bündnis zwischen der Stadt Hersfeld und dem Landgrafen.

1432 Nach weiteren Streitigkeiten zwischen der nun mit der Landgrafschaft Hessen verbündeten Stadt und dem Abt, in denen letzterer immer unterliegt, schließt Abt Albrecht von Buchenau mit Landgraf Hermann einen Erbschutzvertrag, der 1458 und 1490 erneuert wird; danach huldigt das hersfeldische Gebiet mit allen seinen Ämtern, Schlössern und Städten dem Landgrafen als erblichem Verweser, dem alle Plätze offen stehen und alle zu verpfändenden Güter zuerst angeboten werden müssen; der Landgraf verpflichtet sich dafür die vom Stift verpfändeten Schlösser und Ortschaften wieder einzulösen; die Abtei Hersfeld galt von nun an als ein zu Hessen gehöriges Land.

1438 - 1454 Abt Konrad

1439 am 2. Weihnachtstag verheert ein Großbrand den größtenTeil der Stadt.

1454 - 1481 Abt Ludwig III. Vitzum von Eckstatt

1481 - 1483 Abt Damion

1483 - 1493 Abt Wilhelm

1493 - 1513 Abt Volpert Riedesel von Bellersheim; er versucht, die Abtei Hersfeld wegen der Zerrüttung ihrer Finanzen mit der Abtei Fulda zu vereinigen, scheitert jedoch am Widerstand der Hersfelder Bürger, die von der hessischen Landgräfin Anna unterstützt werden.

1513 - 1516 Abt Hartmann

1516 - 1556 Abt Krato

1518 Erste Erwähnung eines Heilbrunnens in Hersfeld.

1520 Beginn der Reformation in Hersfeld; der Weltgeistliche an der Stadtkirche Heinrich Fuchs und ab 1523 sein Kaplan Melchior Ringk predigen, daß kein Mensch sich durch eigene Werke den Himmel verdienen könne.

1521 Luther auf seinem Rückweg vom Reichstag in Worms in Hersfeld; er wird von Abt Krato empfangen; Luther predigt - trotz Verbots - auf Einladung des Hersfelder Abtes in der Stiftskirche; unter dem Eindruck der persönlichen Begegnung mit Luther heiratet Pfarrer Heinrich Fuchs; Abt Krato befiehlt dem Pfarrer und seinem Kaplan deshalb,

Hersfeld zu verlassen.

17.Dez.1523 Wegen dieser Ausweisung und nach Predigten von Fuchs und Ringk über die sittenlosen Zustände im Stift und in der Stadt (Unzucht, Trunksucht, Gotteslästerung, Zusammenleben in wilder Ehe und Stiftsherren mit Konkubinen) wird das in der Nähe der Stadtkirche gelegene Haus des Stiftskanzlers Schallis geplündert; schließlich dringt das Volk auch in das Stift ein, plündert die Häuser von 9 oder 10 Geistlichen und erpreßt von den Priestern Geld, um es dann in den Schenken der Stadt zu vertrinken; Fuchs und Ringk werden auf Befehl des Landgrafen gefangengesetzt, doch die Hersfelder helfen ihnen aus dem Gefängnis und über die hessische Grenze; wohl bestraft der Landgraf die Plünderer, aber den anderen aufsässigen Bürgern geschieht nichts, und die Flucht wird nicht weiter untersucht.

1524 Der Magister Adam Krafft, der in seiner Vaterstadt Fulda unter großem Zulauf des Volkes im lutherischen Sinne gepredigt hatte und dort von der hohen Geistlichkeit vertrieben worden war, findet in Hersfeld sicher mit Einwilligung des Abtes Krato freundliche Aufnahme; er wird der eigentliche Reformator Hersfelds; Landgraf Philipp ernennt Krafft zu seinem Hofprediger, nachdem er ihn nach der Niederwerfung des Bauernaufstandes hatte predigen hören.

1525 Bauernaufstand; die Bürgerschaft, geführt von Bürgermeister Ottensaß, geht zu den Aufständischen über; während der Abt auf seinem festen Schloß, dem Eichhof, sitzt, stürmt die Menge das Stift, plündert die Abtswohnung, mißhandelt Stiftsbediente und zerstreut, verdirbt und vernichtet vieles; Niederwerfung des Bauernaufstandes in der Hersfelder Gegend durch Landgraf Philipp von Hessen, was er sich vom Abt mit der Oberherrschaft über eine Hälfte Hersfelds und einiger hersfeldischer Amtsbezirke bezahlen läßt; seit dieser Zeit findet sich der hessische Löwe im Hersfelder Stadtwappen (ab 1559 zusammen mit dem Hersfelder Doppelkreuz, dem eigentlichen Hersfelder Wappen) Balthasar Raid, wie Adam Krafft aus Fulda stammend, kommt als erster protestantischer Prediger nach Hersfeld; der Nachbau seines 1563 gebauten

Hauses steht in der Unteren Frauenstraße.

1556 - 1571 Abt Michael, der ehemalige Dekan des Stifts Michael Landgraf; er hält sich bereits einen evangelischen Hofprediger.

1560 Bau der Stadtschule in der Kaplangasse (Knabenschule); das Gebäude wird heute vom Diakonischen Werk genutzt.

1570 Gründung des Gymnasiums im aufgelassenen Franziskanerkloster durch Abt Michael.

1571 - 1588 Abt Ludwig V., der ehemalige Koadjutor Abt Michaels, Ludwig Landau; Streit mit Kursachsen um Lehnsherrschaft in thüringischen Amtsbezirken; er verspricht dem hessischen Landgrafen Wilhelm die zukünftige Administration in Hersfeld.

1588 - 1592 Abt Kraft Weiffenbach (gest. 1595), der allerdings nicht die Anerkennung des Papstes erhält; auch eins der noch verbliebenen Mitglieder des Kapitels und einziger Katholik, Joachim Roell, verweigert die Anerkennung.

1592 - 1606 Abt Joachim (Joachim Roell); er wird durch Mithilfe seines persönlichen Freundes, des Landgr. Moritz von Hessen, Nachfolger Weiffenbachs; durch ihn wird der Übergang der Abtei in hessische Administration begünstigt und herbei geführt.

1606 Nach dem Tode Abt Joachims, des letzten Abts, wird Otto, der Sohn von Landgraf Moritz, Administrator der Abtei.

1608 Landgraf Moritz läßt die Bildwerke aus der Stadtkirche entfernen.

1609 Nach Einführung der „Verbesserungspunkte" durch Landgraf Moritz muß Hersfeld den reformierten Ritus anstelle des lutherischen übernehmen; die Hersfelder Bürger sträuben sich zunächst.

1623 - 1625 Tilly, kaiserlicher Feldherr während des 30-jährigen Krieges, in Hersfeld; ein habsburgischer Erzherzog wird Administrator; erneut Mönche im Kloster; in der Folgezeit hat Hersfeld unter dem wechselnden Kriegsglück heftig zu leiden.

1629 - 1631 Wieder kathol. Gottesdienst in der Stadtkirche; mehr als 6 000 Einwohner der Abtei werden wieder katholisch.

1648   Nach dem Ende des 30-jähr. Krieges wird die Abtei
Hersfeld in ein weltliches Fürstentum mit Sitz und Stimme
im Reichstag umgewandelt, das an die Landgrafen von
Hessen-Kassel fällt; diese sollen deswegen jedesmal beim
Kaiser um die Belehnung nachsuchen; im 15. Artikel des
Friedensvertrages von Münster und Osnabrück wurden
die Angelegenheiten des Hauses Hessen-Kassel geordnet;
Paragraph 2 dieses Artikels behandelt die Hersfelder
Angelegenheiten.

Sommer 1674 Ein riesiger Mückenschwarm, der an einem
Sommerabend um den Kirchturm schwebt, wird von
den Hersfelder Bürgern als Rauchwolke gedeutet; da sie
herbeieilten, um den vermeintlichen Brand zu löschen,
werden sie seither „Mückenstürmer" genannt.

1688 - 1689 Neubau des Gymnasiums (der jetzige historische
Altbau der „Konrad-Duden-Schule").

1727   Konrad Mel, Direktor des Gymnasiums, Verfasser
vielverbreiteter Erbauungsschriften, Inspektor der Kirchen
und Schulen des Fürstentums, Gründer des Waisenhauses,
führt den Kartoffelanbau in Hersfeld ein.

20.Dez.1760 Durch Blitzschlag wird die schlanke Spitze des
Kirchturms zerstört, der ursprünglich 25 m höher war; die
Nöte des Siebenjährigen Krieges lassen eine Erneuerung
der Spitze nicht zu, und so versieht man des Türmers
Wohnung mit einer stumpfen Dachhaube, die noch
heute die Spitze des Turmes ist.

19.Febr.1761 Brand der Stiftskirche und der umliegenden
Abteigebäude; Kirche und Abteigebäude hatten den
französischen Truppen unter Marschall Broglie als
Vorrats- und Verpflegungslager gedient; es lagerten
hier etwa 80 000 Säcke Mehl, 50 000 Säcke Hafer
und eine Million Ballen Heu und Stroh; damit dies
nicht in die Hände der unter Herzog Ferdinand von
Braunschweig heranrückenden preußischen Alliierten fällt,
werden die Vorräte von den Franzosen angezündet; ein
riesiges Flammenmeer erhellt den abendlichen Himmel
über Hersfeld; der große Turm über der Vierung mit
der kupfervergoldeten Hand, die angeblich noch von
Karl d.Gr. stammte, und der Dachstuhl der großen
Kirche stürzen ein; Mehlstaubexplosionen zerreißen

die von Säulen getragenen Bögen des Mittelschiffes; Löschversuche sind wegen der großen Hitze und der Furcht vor Plünderungen der abrückenden Franzosen nicht möglich; in wenigen Stunden verbrennt, was in 700 Jahren mit viel Fleiß aufgebaut und glücklich erhalten worden war; noch ein halbes Jahr später schlagen die Flammen den Aufräumenden entgegen; die Ruine der Hersfelder Stiftskirche wird später als Holzmagazin und Exerzierplatz des Infanteriebataillons benutzt; die Hersfelder Bürger holen sich Steinmaterial aus der Ruine zum Bau ihrer Häuser; daß die Ruine nicht vollends zerfiel, ist der Tatkraft und dem Kunstverstand des Landbaumeisters Leonhard Müller zu verdanken, der auch der Erbauer der Luisenschule ist (er verwendete die für den Abriß der baufälligen Ruinenreste vorgesehenen Mittel zur Ausbesserung und Sicherung des noch stehenden Gemäuers); der Renaissancegiebel des einstigen Abtschlosses ist noch erhalten und einem neueren Bau eingefügt.

1798 Für nur hundert Taler erwirbt der Landgraf die farbenprächtigen Fenster der Stadtkirche und verschönert damit die Löwenburg in Kassel.

24.Dez.1806 Nach nur 45 Jahren sind erneut franz. Besatzungstruppen in Hersfeld; Aufruhr Hersfelder Bürger, nachdem ein Sergeantmajor mit seinem Wirt, dem Tuchbereiter Adam Pforr in der Wallengasse, in Streit geraten war; er hatte ihm das vorgesetzte Mittagessen unter den Tisch geworfen, geschimpft und seinen Degen gezogen; Pforr ruft um Hilfe, und während sich die Bürger zusammenrotten, fällt ein Schuß; einer der italienischen Soldaten, die zu den Truppen Napoleons gehören, wird tödlich getroffen; der Hauptmann der Italiener wird zu Boden gerissen, ein Weib schlägt ihm mit einem Knüppel ein paar Zähne aus; die Italiener werden entwaffnet und versuchen zu fliehen, werden aber von den Kalkobesern aufgehalten und von den Hersfeldern im Triumph zurückgeholt; da wird den Hersfeldern bewußt, welche Folgen der Aufruhr für sie haben kann; man versucht, an den Italienern wieder gutzumachen, was sich gutmachen läßt; Bürgermeister Gesing versucht in Begleitung des italien. Hauptmannes, bei dem franz. Generalgouverneur Lagrange in Kassel Gnade für die Stadt zu erbitten; dieser muß jedoch den Vorfall

34

an Napoleon melden; zunächst wird von den in Hersfeld einrückenden franz. Truppen (auch die mißhandelten Italiener befinden sich darunter) das Haus des Sattlers Georg Seelig an der linken Ecke der Webergasse, aus dem der verhängnisvolle Schuß fiel, unter den Klängen von Militärmusik niedergerissen; danach wird ein ehemaliger hessischer Soldat, Schüßler, bei dem ein französ. Gewehr gefunden worden war, vor dem Klaustor standrechtlich erschossen; die Stadt muß neben den Einquartierungskosten eine hohe Wiedergutmachungsleistung zahlen (u.a. 5 000 Paar Schuhe, 1 000 Soldatenmäntel und 5 000 Taler); Napoleon, der keinen Aufstand im Rücken seiner Truppen dulden kann, befiehlt außerdem, die Stadt zu plündern und anzuzünden; mit der Ausführung wird der badische Oberstleutnant Johann Baptiste Lingg beauftragt.

20.Febr.1807 Lingg bewahrt die Stadt vor Plünderung und völliger Vernichtung, indem er Napoleons Befehl nur dem Wortlaut nach aber nicht dem Sinne nach ausführte; er wird später für seine humane Haltung von den hessischen Kurfürsten Wilhelm I. und Wilhelm II. mit dem Großkreuz des hessischen Löwenordens ausgezeichnet und geadelt (Lingg von Linggenfeld).

1817   Einführung der Couquerilschen Spinnmaschine, die ausschlaggebend für die Hersfelder Tuchindustrie wurde.

1821   Ende des Fürstentums Hersfeld, das als Kreis Hersfeld dem Kurfürstentum Hessen einverleibt wird; Hersfeld wird Kreisstadt.

1836   Nach den Plänen des Landbaumeisters Leonhard Müller wird die Bürgerschule am Neumarkt gebaut; in dem Gebäude befand sich seit 1910 eine höhere Lehranstalt, die seit 1912 den Namen Lyzeum (eine höhere Mädchenschule) führte; nach dem ersten Weltkrieg wurde daraus die „Luisenschule, Oberschule für Mädchen"; sie lief jedoch inzwischen aus, das Kollegium wurde der „Gesamtschule Geistal" zugewiesen und die Mädchen der gymnasialen Oberstufe besuchen seither die „Modellschule Obersberg"; heute ist das Gebäude in Privatbe sitz und hervorragend saniert.

1853   Kommerzienrat J. August Braun stellt die erste Dampfmaschine in Hersfeld auf; erst durch sie wird die Einführung des mechanischen Webstuhls ermöglicht; vorher war der Betrieb von Maschinen nur mit Hilfe der Wasserkraft möglich.

1862 Bau der Engelhardt-Brauerei am Neumarkt; an ihrer Stelle steht heute ein Parkhaus; Bau der ersten Gasanstalt auf dem heutigen Schillerplatz.

1863 August Gottlieb gründet eine Seilerwarenfabrik (später „Vereinigte Jutespinnereien und Webereien").

1866 ein Standbild des Stadtgründers Lullus wird auf den „Rathauskump" gesetzt.

22.Jan.1866 Einweihung der Eisenbahnteilstrecke Bebra-Hersfeld.

1866 - 1868 Nach Einverleibung Kurhessens und somit auch Hersfelds in den preußischen Staat (als Teil der preußischen Provinz Hessen-Nassau) wurde im Stiftsbezirk gegenüber dem Hauptportal der Ruine ein Kasernengebäude errichtet, in welches das 1871 aus dem Kriege heimkehrende Füsilierbataillon des 2. Thüring. Inf.-Reg. 32 einzog; ab 1891 diente das Gebäude als Kriegsschule (Kadettenanstalt); heute befindet sich darin das Finanzamt.

1867 Adolf Wever verlegt seine Handweberei nach Hersfeld und errichtet 1872 einen Fabrikbetrieb.

1873 Adam Rechberg errichtet eine Tuchfabrik in der Hainstraße; sie hat besondere Bedeutung für die Uniformtuchweberei.

1874 Benno Schilde betreibt eine Schlosserei, die sich später zu einer Maschinenfabrik entwickelt und schon 40 Jahre später 475 Arbeiter beschäftigt.

1876 - 1905 Dr. Konrad Duden als Direktor des königlichen Hersfelder Gymnasiums, seit 1946 ein „Staatliches Gymnasium und Realgymnasium", seit 1956 „Alte Klosterschule", Gymnasium für Jungen und altsprachliches Gymnasium; Ende der 60-er Jahre wird eine Schule auf dem Obersberg gebaut; die „Alte Klosterschule" wird nach dort ausgelagert, auf die gymnasiale Oberstufe reduziert und heißt seitdem „Modellschule Obersberg"; Unter- und Mittelstufe werden ersetzt durch die „Gesamtschule Obersberg"; in den alten Gebäuden im Stadtzentrum gibt es jetzt ebenfalls eine Gesamtschule mit dem Namen

„Konrad-Duden-Schule".

1878 Georg Braun gründet eine Tuchfabrik vor dem Peterstor, nachdem er den Betrieb der „Assoziation", eines
Zusammenschlusses von 12 selbständigen Webermeistern,
übernommen hatte.

1880 Das Weinhaus, ein Flügel des Rathauses entlang der
Weinstraße, in dem sich eine städtische Schänke mit der
Stadtwaage befand, wird abgerissen; die erste Auflage
des „Duden" erscheint.

1885 - 1886 Die katholische Gemeinde erbaut ihr Kirchengebäude
und ein Pfarrhaus in der August-Gottlieb-Straße.

1896 Errichtung eines Denkmals zu Ehren Linggs, des Retters
der Stadt

1904 Neuerbohrung der „Lullusquelle", die schon in einer
Urkunde von 1518 erwähnt wurde; sie war um 1700 von
einem Hochwasser der Fulda überflutet worden, hatte
ihre Heilkraft verloren und war schließlich versiegt; das
Heilwasser der Lullusquelle kommt aus 422 m Tiefe;
die Lullusquelle ist eine Eisen- und Bittersalzquelle; ihr
Wasser hat gute Heilwirkungen bei Erkrankungen des
Magens und des Darmes.

21.Mai 1906 Eröffnung des Sanatoriums „Wigbertshöhe".

1909 Errichtung des Erweiterungsbaus der „Alten Klosterschule",
des heutigen Altbaus der „Konrad-Duden-Schule".

1928 Erbohrung des Linggbrunnens; er liefert 60 Liter in der
Minute; das Wasser leistet gute Dienste bei Arteriosklerose,
Erschlaffungs- und Alterserscheinungen.

1936 Fertigstellung der „Kuturhalle" anläßlich der Zwölfhun-
dertjahrfeier der Stadt.

1942 Teilweise Fertigstellung bzw. Verkehrsübergabe der
Autobahn Frankfurt/Berlin.

30.März 1945 Amerikanische Truppen erreichen Hersfeld und
beschießen die Stadt, da sie hier noch starke deutsche
Truppeneinheiten vermuten.

31.März 1945 Der persönliche Einsatz zweier deutscher Offiziere
bewahrt die Stadt vor einer gründlichen Beschießung
durch die vorrückenden amerikanischen Truppen;
Stadtkommandant Major Möller läßt gegen den Widerstand
der militärischen und der Parteidienststellen Hersfeld von
allem Militär räumen; die abziehenden Soldaten werden von

den auf der Autobahn vorrückenden amerikanischen Panzern überholt, zersprengt und z.T. auch gefangengenommen; unter den Gefangenen befindet sich auch Hauptmann Karl Güntzel, der den Amerikanern mitteilt, daß die Stadt unbesetzt sei; er fährt mit einem amerikanischen Major in die Stadt, um die Übergabebedingungen zu besprechen; gegen 14°° Uhr ziehen die ersten amerikanischen Panzerabteilungen unbehelligt in die Stadt ein.

1949   Erbohrung des „Vitalisbrunnens"; sein aus 437 m Tiefe kommendes Wasser ist stark glaubersalzhaltig und ermöglicht Heilerfolge bei Erkrankungen von Magen, Leber, Darm, Galle und des Stoffwechsels; der Brunnen gibt 85 Liter in der Minute.

04.März 1949 Hersfeld darf sich „Bad" nennen.

1951   Johannes Klein begründet die Festspiele, die seither alljährlich in der Stiftsruine stattfinden; Beginn der Festspiele mit Hofmannsthals Großem Welttheater; die Ruine erhält Sitzplätze für rund 1600 Personen.

1952   Der Bundespräsident übernimmt die Schirmherrschaft über die Festspiele; Aufbau der Eichhofsiedlung für die aus ehemals deutschen Gebieten Vertriebenen; Brand in der Stadtkirche, der das Kircheninnere zerstörte.

01.07. 1963 Hersfeld wird Staatsbad; die Finanzkraft der Stadt reicht nicht aus, um die notwendig gewordenen Erneuerungen der Kureinrichtungen vorzunehmen.

1965   Umfangreiche Baumaßnahmen am ehemaligen Peterstor und der unteren Breitenstraße; die Straßenüberführung über die Bahnlinie wird gebaut samt „Pikassokreuzung".

1967   Die Stadt Bad Hersfeld wird vom Land Hessen durch die Gewährung von Mitteln zur Beseitigung städtebaulicher Mißstände in der Altstadt finanziell gefördert.

1967 - 1968 Erweiterung und Umgestaltung der Stadthalle, der ehemaligen „Kulturhalle"

1968   Die Stiftsruine erhält ein mittels Elektromotoren aus- und einfahrbares Regendach.

19.Febr.1970 Beschluß über die Ausweisung des von der Ringstraße umschlossenen Altstadtbereiches als Sanierungsgebiet im Flächennutzungsplan.

1972   Eingemeindung der bisher selbständigen Ortschaften Kathus, Sorga, Petersberg, Kohlhausen, Asbach, Beiershausen,

Heenes und Almershausen; die Kreise Hersfeld und Rotenburg werden zu einem Großkreis zusammengelegt; Kreisstadt dieses Kreises wird Bad Hersfeld.

1973   Vitalisklinik, Klinik und Rehabilitationszentrum für Verdauungs-, Stoffwechsel- und degenerative Erkrankungen.

23.Okt.1974 Übertragung der Sanierungsdurchführungsaufgaben an die Neue Heimat Südwest als Sanierungsträger durch die Stadt; der Sanierungsträger ist als Treuhänder der Stadt tätig.

1976   Einweihung der Fußgängerzone in der Innenstadt.

1977   Einweihung der Hainbergklinik, eine psychosomatische Klinik, dem Staatsbad gehörend.

1978   Beginn der Arbeit der Fachklinik Wigbertshöhe, einer Klinik für psychosomatisch orientierte Therapie suchtkranker Menschen.

1980   Baubeginn des Stadthauses.

1984   Wichtige Ausgrabungen an der Stiftsmauer; Öffnung des Südtores.

1985   Neugestaltung des Stiftsbezirkes; das „Hotel am Kurpark" mit Römertherme eröffnet.

1986   1250-Jahr-Feier Bad Hersfelds; Gedenken an den Brand der Stiftskirche vor 225 Jahren (Feuerwerk in der Ruine).

1987   Modernste Technik für die Beleuchtung und Beschallung der Stiftsruine, die seither immer wieder verbessert wurde.

1988   Neubau des Amtsgerichts; Renovierung des Klausturms; die Hersfelder Zeitung feiert ihr 225-jähriges Jubiläum.

1993   Abzug der amerikanischen Streitkräfte.

3. Hersfelder Äbte

769 - 786	Abt Lullus
786(?)(802) - 813	Abt Richulf
798	Abt Balthart
813 - 820	Abt Brunwart I.
820 - 840	Abt Bun
840 - 875	Abt Brunwart II.
875 - 892	Abt Druogo
892 - 901	Abt Harderat
902(?) - 919	Herzog Otto
912 - 927	Abt Diethart II
927 - 928	Abt Diethart II.
928 - 932	Abt Burchard I.
932 - 935	Abt Megingoz
935 - 959	Abt Hagano
959(?)(960) - 963	Gunther I.
963 - 970	Abt Egilolf
970 - 985	Abt Gotzbert
985 - 1005	Abt Bernhard
1005 - 1012	Abt Godehard
1012 - 1031	Abt Arnold
1031	Abt Bardo
1031 - 1036	Abt Rudolf
1036 - 1059	Abt Meginher
1059 - 1072	Abt Ruthardt
1072 - 1090	Abt Hartwig
1091 - 1100	Abt Friedrich
1100 - 1102(?)	Abt Günther II.
1102 - 1114	Abt Reginhard
1114 - 1127	Abt Adelmann
1127 - 1155	Abt Heinrich I. von Bingarten
1155 - 1162	Abt Willibold I.
1162 - 1165	Abt Hermann I.
1165 - 1168	Abt Burchard II.
1168 - 1175	Abt Willibold II.
1175 - 1180	Abt Adolf
1180 - 1200	Abt Siegfried
1200 - 1214	Abt Johann I.
1214 - 1216(1217)	Abt Heinrich II.

1216(1217) - 1239(1240)	Abt Ludwig I.
1240 - 1252 und 1255 - 1258	Abt Werner
1252 - 1254	Abt Heinrich von Fulda
1260/61 - 1278(1292)	Abt Heinrich III.
1278 - 1300	Abt Heinrich IV.
1300 - 1302(1305)	Abt Berthold I.
1302(1305) - 1315	Abt Simon I. von Buchenau
1315 - 1316	Abt Heinrich V.
1316 - 1320	Abt Andreas
1320 - 1323(?)	Abt Heinrich VI. von Romrod
1324 - 1343	Abt Ludwig II. von Mansbach
1343 - 1367	Abt Johann II.von Elben
1367 - 1387	Abt Berthold II.von Völkershausen
1387 - 1398	Abt Reinhard von Boyneburg
1398 - 1418	Abt Hermann II.von Altenburg
1418 - 1438	Abt Albrecht von Buchenau
1438 - 1454	Abt Konrad
1454 - 1481	Abt Ludwig III. Vitzum von Eckstatt
1481 - 1483	Abt Damion
1483 - 1493	Abt Wilhelm
1493 - 1513	Abt Volpert Riedesel von Bellersheim
1513 - 1516	Abt Hartmann
1516 - 1556	Abt Krato
1556 - 1571	Abt Michael
1571 - 1588	Abt Ludwig V., Ludwig Landau
1588 - 1592	Abt Kraft Weiffenbach (gest. 1595)
1592 - 1606	Abt Joachim, Joachim Roell

4. Bonifatius

4.1 Lebensdaten

672/73 ursprünglich Winfried, in Wessex (England) geboren, Apostel der Deutschen, angelsächsischer Benediktiner des Klosters Nhutscelle.

716 Bonifatius wirkt als Heidenbekehrer in Friesland.

718 Bonifatius verläßt England für immer.

719 Bonifatius wird in Rom von Papst Gregor II. unter Verleihung des Namens Bonifatius mit der Germanenmission beauftragt.er ist mit Willibrord zunächst abermals bei den Friesen tätig, später bei den Hessen, wo er die Klöster Amöneburg und Fritzlar gründet.

722 Bei einem zweiten Aufenthalt in Rom wird er zum Bischof geweiht.

723 o. 724 Fällung der Donar-Eiche bei Geismar. Die Heiden im Hessen glaubten nicht mehr ganz fest an ihre alten Götter. Sie hatten schon viel vom Gott der Christen gehört. Bonifatius wußte das und wollte ihnen deshalb die Ohnmacht ihrer Götter vor Augen führen. Bei dem Orte Geismar in der Nähe von Fritzlar war ein heiliger Hain mit einer mächtigen Eiche, die dem Gotte Donar geweiht war. An einem Herbsttag des Jahres 723 versammelte er dort die Heiden. In respektvoller Entfernung umstanden sie die Donareiche. Während Bonifatius begann mit seinen Gehilfen die Eiche zu fällen, erwarteten sie jeden Augenblick, daß Donar mit einem Blitzstrahl die Übeltäter zerschmettern würde. Als nichts geschah, bekehrten sie sich. Bonifatius ließ am gleichen Platz aus dem Holz der Eiche eine Kapelle bauen.

732 Erhebung zum Erzbischof und zum päpstlichen Vikar des gesamtdeutschen Missionsgebietes. Er missionierte mit steigendem Erfolg außer in Hessen auch in Thüringen, unterstützt von zahlreichen angelsächsischen Mönchen und Nonnen (seine Verwandte Lioba, sein späterer Nachfolger auf dem Bischofstuhl in Mainz und zweiter Gründer Hersfelds, Lullus).

736 Sturmius (der Bayer Sturm) verläßt Bonifatius, um in der Einöde Gott zu dienen. Er zieht in die Buchonia

und kommt nach Hersfeld (Haerulfisfeld), wo er ein mit Birkenrinde gedecktes Kirchlein baut. Deshalb beging man in Hersfeld im Jahre 1986 die 1250-Jahrfeier. Nach einem dritten Aufenthalt in Rom ordnet Bonifatius die bayerische Kirche und errichtet die Bistümer Salzburg, Freising, Regensburg und Passau. Für Franken errichtet er Eichstätt, für Hessen Büraburg (Fritzlar), sowie Erfurt und Würzburg für Thüringen.

742-47 Bonifatius reformiert das Kirchenwesen im Frankenreich Karlmanns und Pipins.

744 Hersfeld lag dem Bonifatius zu nahe an der Grenze zu den Sachsen, die gerade Nordthüringen erobert hatten und auch fränkisches Gebiet heimsuchten. Auf Geheiß des Bonifatius verläßt Sturmius deshalb Hersfeld und zieht weiter nach Süden, wo er das Kloster Fulda gründet. Deshalb beging man in Fulda im Jahre 1994 die 1250-Jahrfeier der Klostergründung.

747 Bonifatius übernimmt die Leitung des Bistums Mainz. Seine Hauptfürsorge widmet er jetzt der Ausgestaltung seines Lieblingsklosters Fulda.

754 Als Achtzigjähriger beginnt er erneut mit der Friesenmission. Dabei wird er von heidnischen Friesen erschlagen. Mit 82 Jahren nahm er die Arbeit an den Friesen wieder auf. Als er 754 in der Nähe des heutigen Städtchens Dokkum Neugetauften den bischöflichen Segen erteilte, stürzten sich bewaffnete Heiden auf die Versammelten und schlugen sie nieder. Bonifatius soll jede Gegenwehr untersagt haben. Er hielt ein Buch über seinen Kopf und wurde dennoch tödlich getroffen. Der Leichnam wurde den Rhein herauf gebracht und von Mainz nach Fulda überführt. Sein Grab ist im Dom zu Fulda. Sein Nachfolger auf dem Mainzer Bischofstuhl war sein Schüler Lullus.

769 Lullus gründet ein Benediktinerkloster in Hersfeld, wo dievon Sturm begründete Siedlung sicher nicht aufgegeben worden war.

4.2 Fulda

Von Bonifatius durch seinen Schüler Sturmius 744 als Benediktinerabtei gegründet, 751 unmittelbar den Päpsten unterstellt, seit 754 Grabstätte des heiligen Bonifatius, wuchs das Kloster, an dem u.a. Hrabanus Maurus wirkte, als ein Hauptstützpunkt der Christianisierung sehr rasch zu großem Reichtum und hoher Kultur. Die Äbte von Fulda hatten seit 969 den Primat vor allen Äbten des Reiches. Sie waren wohl seit dem 10. Jhd. Erzkanzler der Kaiserin, seit 1170 Reichsfürsten, die seit dem 13. Jhd. ein ansehnliches Territorium aufbauten. Nach einem Niedergang im Mittelalter fand die Reformation schnell Eingang. 1571 wurden die Jesuiten berufen und bis zum Dreißigjährigen Krieg, der das Land schwer heimsuchte, die Gegenreformation energisch durchgeführt. Das 18. Jhd. sah einen neuen Aufstieg. So erfolgte 1759 die Erhebung zum Fürstbistum. 1734 bis 1803 hatte Fulda eine Universität. 1815 kam Fulda an Hessen-Kassel. Gleichwohl ist die Stadt mehr von den fürstbischöflichen Bauten des 18.Jhd. bestimmt. Der Dom, dem eine 751 geweihte, 791 - 819 als Säulenbasilika umgebaute Kirche voranging, wurde 1704 - 12 barock neu erbaut und birgt in der erhaltenen alten Krypta das Grabmal des hlg. Bonifatius. An den Dom schließt ein im 17. Jhd. errichtetes, im 18. Jhd. erweitertes Kloster an. Es ist jetzt Priesterseminar. Spätbarocke Bauten sind auch das ehemalige Schloß der Fürstäbte mit Schloßgarten und Orangerie, die Heiliggeistkirche und die Stadtpfarrkirche, die Bibliothek, die ehemalige Universität und die Hauptwache.

Teil II

Mecklar, Entstehung und Entwicklung bis 1600

1. Vorbemerkungen

Die Entstehung unseres Heimatortes liegt versunken im Dunkel der Geschichte. Diese Dunkelheit und Namenlosigkeit lichtet sich erst zum Ende der germanischen Völkerwanderung in fränkisch-karolingischer Zeit, dem Beginn des Mittelalters. Bei dem Bemühen, die Geschichte Hessens in dieser Zeit aufzuhellen, sieht sich die Forschung jedoch nach wie vor erheblichen Schwierigkeiten gegenüber, die sich aus der unzureichenden Quellenlage ergeben. Denn erst seit dem Beginn des 8. Jahrhunderts stehen in größerem Umfang zuverlässige schriftliche Nachrichten zur Verfügung. Für die ältere Zeit kommen in erster Linie die Ergebnisse der archäologischen Forschung in Frage. Spärliche Bodenfunde lassen danach den Stamm der Chatten, die Vorfahren der Hessen, als erste germanische Bewohner Nordhessens erkennen. Auch die ersten Bewohner unseres Ortes dürften daher chattischen Stammes gewesen sein. Die Ortsnamenforschung beweist schließlich, dass Mecklar schon in frühester Zeit besiedelt war, wie noch zu schildern sein wird. So mögen es dann ja vielleicht Einwohner von Mecklar gewesen sein, die Sturmius im Jahre 736 den Namen des Ortes genannt haben, an dem später unsere Kreisstadt Hersfeld erwachsen sollte: Haerulfisfeld, das Feld eines gewissen Haerulf. Aber das ist dann wieder eine andere Geschichte.

2. Die Lage Mecklars

Am hohen Ufer der Fulda gelegen wurde die Ansiedlung, die Mecklar genannt wurde, vom jährlichen Hochwasser der Fulda nicht erreicht. Die vor- und frühgeschichtlichen Siedlungen lagen gewöhnlich nicht an den Fernstraßen, da diese das Wasser mieden, während die Menschen das Wasser suchten.[1] Hinter dieser Siedlung bot das sanft ansteigende Gelände Ackerboden für eine bäuerliche Bevölkerung. Gleichwohl gab es oberhalb der heutigen

Fuldabrücke eine Untiefe des Flusses, an der dieser zumal bei sommerlichem Niedrigwasser leicht zu durchqueren war. Diese Furt wurde noch im vorigen Jahrhundert benutzt und durch mächtige im Flussbett versenkte Eichenstämme so ausgebaut, dass sie auch mit Lasten durchfahren werden konnte. Sie war durch den „Graben", den heutigen Uferweg, zu erreichen. An dessen unterem Ende hielt man vom „Guckstein" aus Ausschau, ob Vorspann für die Fuhrwerke beim Durchqueren des Flusses nötig war. Im Winter saß dann ein Fährman auf dem „Guckstein" und wartete auf seine Fahrgäste.

Georg Landau erwähnt in seiner Schrift über alte Heer- und Handelsstraßen zwei Straßen, die von Weiterode aus nach Nürnberg gingen. Die eine, eine Bergstraße, zog über Friedewald, Schenklengsfeld und Eiterfeld und mündete dort in die Talstraße. Die andere, die Talstraße, blieb im Fuldatal und führte früher wahrscheinlich nur am rechten Ufer nach Hersfeld. Als aber 1494 bei Breitenbach eine Brücke gebaut worden war, so schreibt Landau, führte sie auf dem linken Ufer nach Hersfeld.[2] Auf der seiner Schrift beigefügten Karte „Alte Straßen" führt diese Talstraße auf der linken Fuldaseite von Bebra über Blankenheim nach Hersfeld. Die rechtsseitige Straße ist nicht mehr eingezeichnet, wohl aber die von Hersfeld über Kathus und Friedewald nach Hönebach führenden Straßen, sowie die von Weiterode nach

Friedewald führende Straße. So liegt Mecklar abseits der Straßen auf der rechten Fuldaseite und innerhalb des von diesen Straßen gebildeten Dreiecks mit den Eckpunkten Bebra/Weiterode, Friedewald und Hersfeld. Den gleichen Befund zeigt auch noch eine Karte der Landstraßen des 16. bis 18. Jahrhunderts bei Rudolf Kellermann.[3] Abseits von den Haupthandelswegen, die als Talweg auf der linken Talseite entlang liefen, oder als Höhenwege über die sanften Höhen des Seulingswaldes führten, lag Mecklar also lange Zeit gewissermaßen im Windschatten der größeren Ereignisse.

Dabei sei jedoch nicht zu übersehen, daß der Bereich Hersfeld, das Fuldatal, der Seulingswald und die Gegend um das Fuldaknie bei Bebra schon in vorgeschichtlicher und frühgeschichtlicher Zeit wegen der durch diesen Raum führenden Fernverkehrswege, Zubringerwege, Furten und Straßenknotenpunkten historisch zu einem bedeutenden geographischen Punkt des gesamten Raumes an der Fulda gehörten, meint Wilhelm Södler, der sich dabei auf Schellhases territorialgeschichtliche Studien bezieht.[4] So liegen die beiden Orte Mecklar und Meckbach rechts der Fulda in Richtung der Fulda-Werra-Wasserscheide, über die die Straße der „Kurzen Hessen" führte, auf der man von Frankfurt über Friedberg, Grünberg, Alsfeld, Hersfeld und Berka nach Eisenach gelangte.[5]

3. Gründung des Ortes und Deutung des Namens

Auskunft über das wahre Alter unseres Ortes läßt sich aber an seinem Namen gewinnen. Entstehungszeit und erste namentliche Erwähnung in einer Urkunde sind nämlich keineswegs identisch. Der Ort Mecklar bestand wohl schon sehr lange, ehe sein Name erstmalig erwähnt wurde. Für den ersten Namensbestandteil „Meck" gibt es hinsichtlich der Deutung gewisse Schwierigkeiten bzw. unterschiedliche Meinungen. Die Mutmaßung, Mecklar sei ein Feldlager zur Zeit der Feldzüge des römischen Feldherren Drusus gewesen, wie es schon zu lesen war, erscheint zwar reichlich überzogen und nicht erwiesen. Aber gleichwohl benutzte Drusus bei seinem Eroberungszug bis zur Elbe im Jahre 9 v. Chr. vermutlich die „Kurzen" oder die „Langen Hessen" bis fast an die Werra.[6]

Eine weitere Deutung dieses Namensbestandteiles lautet, dass unser Dorf die Gründung eines Mannes namens „Makko" ist und der Name damit soviel wie „Ort des Makko" bedeutet. Dagegen erscheint jedoch die Deutung von Dr. Hans Bahlow, der über Deutschlands älteste Fluss- und Ortsnamen forschte, weitaus plausibler zu sein. Er schreibt, indem er auch Mecklar ausdrücklich erwähnt: "*... So ist es denn kein Wunder, wenn sich endlich der Nebel hebt, den seit Jacob Grimms Tagen mythologische Spekulation, methodenlose Willkür und phantastische Theorien über die ältesten Schichten unserer Namenswelt gebreitet haben, und zum ersten Mal den Blick freigibt auf die gewässerreiche Waldlandschaft der Vorzeit - den alleinigen Quellgrund alteuropäischer Namensschöpfung! Daß diese Bodenfeuchtigkeit sich auch in den Namen vieler Waldberge und Anhöhen spiegelt, ist kaum noch bekannt: ....*[7]. Und weiter schreibt er: „ *Much(e) - Mauch - Mücheln - Mückelbeck - Muckhorst - Mockstadt - Mecklar - Meckbach - Meggemecke - Miegbeck*

Mundartlich fortlebend begegnet noch heute das verbreitete Moderwort muk (vergl. lat. mucus „feucht", kelt.-lett. muk- „Sumpf", engl. muck „Kot", ndl. mok „feucht") in schwäb. muche „Moder", hess.-thür. müchen „modern, faulen", nordd. muchelich „muffig", schweiz. mauch „morsch". .... Varianten sind mek, mik, mak. Dazu Meck(e)bach b. Mecklar a.Fulda, Meckenbach b. Kirn a. Nahe, Meckenheim (Bonn, Speyer), Mecken-: Möckmühl/Württ., Meckel/Eifel. Meckfeld s. Jena. ...."[8] Bezüglich der Fulda schreibt Dr. Hans Bahlow, dass „fuld" (wie ful) Moder und Sumpf bedeute.[9]

Der zweite Bestandteil des Ortsnamens „lar" deutet auf eine Zeit hin, als das Chattenland Teil des Frankenreiches wurde. Das chattische Wort „lar" wurde in erster Linie in der Zeit vor Christi Geburt bis 500 n. Chr. gebraucht. Heinrich Blum schreibt in seiner Hessischen Heimatgeschichte: " *.. Die Ortsnamen beziehen sich anfangs auf das Wasser oder auf die Bodenbeschaffenheit. Wasser heißt appe, affe, aha; später erscheint das Wort in der Endung a in den Namen: Fulda, Ahna, Bebra, Sontra. Quelle und Sumpf heißt in der altdeutschen Sprache mar und findet sich in Vellmar, Weimar, Geismar, Hofgeismar und Hadamar. Der „Ort" an sich überhaupt wurde lar genannt; das Wort lar erscheint in Fritzlar (Friedeslare) und Wetzlar. Der Wald wurde mit loh bezeichnet;...*

Das Volk vermehrte sich stark; daher wurden später die Menschen durch Landnot veranlaßt, die Nebenflüsse und Bäche hinaufzugehen und sich in Seitentälern niederzulassen. Es entstanden nun Orte mit den Endungen bach, furt, au, wig und büren. .. "[10] Auch Philipp Hafner schreibt in seiner Schrift über die Reichsabtei Hersfeld: *„ Als die Sendboten des Bonifatius von Fritzlar aufbrachen, um weiter östlich eine für eine Klostergründung geeignete Stelle zu suchen, kamen sie nach einem Bericht Eigils in der „Lebensbeschreibung Sturms" in „die Einöde, in der sie fast nichts als Himmel und Erde und ungeheure Bäume erblickten." Darin liegt aber sicherlich eine Übertreibung; die Schilderung Eigils mag wohl für weite Teile des von den Sendboten durchwanderten Berglandes zutreffen, für die Täler der Fulda und Haun mit ihren fruchtbaren Lößflächen kann sie aber nicht gelten. Denn daß diese schon in frühester Zeit besiedelt waren, beweisen die schon der ersten Siedlungsperiode angehörenden Ortsnamen wie Mecklar, Bebra (Biberaha), Aula (Owilaha), Jossa (Jazzaha) u.a. "*[11]

Nach all dem Gesagten wäre Mecklar ein an einer feuchten Stelle liegender Ort, was mit dem weiter oben Gesagten durchaus übereinstimmt.

Wilhelm Södler ist da ganz anderer Meinung. Er schreibt, dass sich Flurnamen, so auch Ortsnamen, stets von einfachsten Grundvoraussetzungen her ableiten. Eine etymologische Deutung des Ortsnamens „Mecklar" verweise in der ersten Silbe, wie bei dem Ortsnamen „Meckbach", auf eine sehr frühe Wortbedeutung für „groß". Die erste Silbe des Ortsnamens „Mecklar" entspricht, so schreibt Wilhelm Södler, dem althochdeutschen Wort „michel" = groß (indogermanisch „magh" = groß, griechisch „megas" = groß, lateinisch „magnus" = groß)[12]

Die zweite Silbe des Ortsnamens Mecklar, die Silbe „lar", bedeute „unbebaut", „leer", „öde", Land also, das brach liegt und als Weideland, Lager, Gut oder Gehöftplatz benutzt wird. Ferner bezeichne diese Silbe meist Weideplätze, weniger Wohnplätze, Höfe oder Lager, sondern mehr Ödstellen mit Viehhütten, um die sich dann später Ansiedlungen gruppieren. Der Ortsname „Mecklar" sei damit zu deuten als 'großes Weideland' und ebenso auch als 'großes Lager' (auch Kriegslager), mit einem Gut, einem Gehöft. Rückschlüsse aus späteren Urkunden würden darauf hindeuten, dass es sich dabei um einen ehemaligen befestigten königlichen Gutshof (curtis =Wehrcurtis, ein Allod) gehandelt hat, der bereits im 6. Jahrhundert bestanden haben könnte. Da der gesamte Bereich Mecklar auch unmittelbar zum fränkischen Reichsgut in einem besonders gefährdeten Grenzgebiet zählte, seien aus siedlungsgeographischer Perspektive und nach Grundsätzen fränkischer Politik die Anfänge Mecklars an einem Verkehrsweg, einer Fuldafurt und im Bereich der Kirche zu suchen.[13]

Wer nun auch immer Recht hat, fest steht , dass Mecklar damit auf ein sehr viel höheres Alter zurückblicken kann, als die bisher älteste urkundliche Erwähnung aus dem Jahre 1252 vermuten lässt.

4. Territoriale und gerichtliche Zugehörigkeit Mecklars

Ältester nachweisbarer Besitzer des Bodens, auf dem Mecklar liegt, war das Kloster Hersfeld. Im Jahre 1003 war der Wildbann über den Eherinevirst (virst = Forst), der zur Buchonia gehörte durch eine Schenkung Kaiser Heinrichs II. an das Kloster gekommen. Hinter dem Eherinenvirst verbirgt sich der Heuringswald. Von ihm schreibt Piderit zu Beginn des vorigen Jahrhunderts: *„Einen Theil der Ebene, wo jetzt der Eichhof steht, beschattete damals ein Eichenwald, (ein Theil des Heuringswaldes, welcher unter dem Namen Eherineverst in einer Urkunde von 1070 vorkommt) von welchem wir die letzten Reste, einzelne, mächtige Eichbäume, welche hin und wieder an der Straße dem Wanderer ein Ruheplätzchen verschafften, in unseren Tagen fällen sahen. "[14]* Mit der erwähnten Schenkung war das Kloster Hersfeld auch im Besitz des Grund und Bodens um Mecklar, denn auch diese Flur gehörte zum Eherinevirst. Seine Grenze stieß bei Braach von Westen kommend an die Fulda, verlief auf der linken Flussseite nach Süden bis zum „solium Gumberti" (die Einsiedelei des Gumbert), an dessen Stelle das heutige Blankenheim liegt. Sie sprang dann über die Fulda nach Osten, berührte die Wüstungen „Ukevordi" (gegenüber von Blankenheim) und „inferior Nuuuisazi" (südlich von Ronshausen), überschritt den „Yubach" (Ziehbach?) und die „Hirzlaha" (Grabensenkung „Im Hörsel") in deren Oberlauf und gelangte dann in das Bachbett der „deserta Hérafa" (Taube Herfa) eines linksseitigen Zuflusses der Herfa, in dem sie abwärts ging.

Wie die Übertragung des Burg- und des Marktbanns zur

allgemeinen Gerichtsbarkeit hinübergeleitet haben, so geschah das auch bei der Übertragung des Wildbanns, denn der Bannherr hatte das Recht, Jagdfrevel zu bestrafen. Gleichzeitig kamen die Hochgerichtsbarkeit und der Besitz der fiskalischen Gerichtsgefälle im Bereich des Wildbannbezirkes in die Hand des Bannherrn. Für die Bannherrschaft galt damit das Gleiche wie für die Immunitätsherrschaft. Nach älterem deutschen Recht verstand man unter Immunität die Ausnahmestellung des Königsgutes und der durch königliches Privileg befreiten Grundherrschaften. Polizei- und Finanzgewalt waren dem Immunitätsherrn überlassen, der sie durch Vögte ausüben ließ. Als geistlicher Grund- und Immunitätsherr bedurfte auch der Abt von Hersfeld der Vögte, die diese Gerichtsbarkeit ausübten. Der Vogt, der „advocatus", vertrat die Kirche nach außen hin und war Richter über die Immunitätsleute. Die Ausdehnung der abteilichen Güter über verschiedene Gaue brachte es mit sich, dass die Abtei zahlreiche Vögte hatte, nach fränkischem Rechte im allgemeinen je einen für jeden Gau, in dem sie Güter besaß. Hersfelder Vögte begegnen uns urkundlich zuerst im Jahre 932. Diese Vögte und auch ihre nächsten Nachfolger waren wahrscheinlich freie Grundbesitzer aus den betreffenden Gauen.

In der zweiten Hälfte des 11. Jahrhunderts lassen sich verschiedene Veränderungen im Hersfelder Vogteiwesen feststellen. Erstens waren die Vögte nun gräflichen Standes. Zweitens waren mehrere Vögte als Untervögte der Gesamtvogtei jetzt einem Obervogt unterstellt. Drittens setzte sich um 1100 bei den Hersfelder Vögten auch die Erblichkeit der Vogtei durch.[15] Seit 1099 läßt sich in den Urkunden ein Graf Giso als Vogt nachweisen. Durch die Vermählung Ludwigs III. von Thüringen, der sich als Landgraf Ludwig I. nannte, mit Hedwig, der Tochter des Grafen Giso IV., kam die Vogtei über Hersfeld zusammen mit der „gisonischen Erbschaft" an die Landgrafen von Thüringen. In einer Urkunde von 1133 finden wir erstmals den Landgrafen von Thüringen als Vogt der Hersfelder Kirche genannt. Im Jahre 1139 ist Landgraf Ludwig I. wiederum als Vogt der Hersfelder Abtei nachweisbar zugleich mit einem Untervogt Bobbo. Ludwig I. vererbte die Vogtei seinem Sohn und Nachfolger, dem Landgrafen Ludwig II., dem Eisernen, der in mehreren Urkunden erwähnt wird. 1156 wird er zusammen mit einem Untervogt Bobbo von Reichenbach genannt. Nach dem Tode Ludwig II. wurde die Vogtei über die Abtei Hersfeld jedoch nicht an seinen ältesten Sohn, den Landgrafen Ludwig III. , vererbt, sondern sie ging zusammen mit den hessischen Besitzungen auf seinen zweiten Sohn Heinrich Raspe III.über.[16]

Aus dem Gesagten wird deutlich, wie sich landesherrliche Oberhoheit des Abtes von Hersfeld und die Vogteirechte der zunächst thüringischen, dann hessischen Landgrafen durchdringen, was auf Grund der unterschiedlichen Interessenlage beider Seiten zu Spannungen führte. Der Kampf zwischen Abt und Landgraf um die Vorherrschaft im Immunitätsgebiet wurde in Verträgen, die auf einem Hoftag 1182 in Erfurt und auf einem weiteren Hoftag 1215 in Würzburg geschlossenen wurden, nur in Ansätzen entschieden. Danach und im Zuge gewaltsamer Aneignung konnten die Landgrafen von Hessen ihr Gebiet nach Süden ausdehnen. So büßte die Abtei ein größeres Stück des Wildbannbezirkes von 1003 ein, nämlich einen Teil des späteren Amtes Rotenburg. Eine von den Vögten erbaute Burg spielte bei diesem Verlust auch eine große Rolle. Die Landgrafen von Thüringen hatten an der Grenze des Bannbezirkes zur Sicherung ihrer Vogtei über die Abtei Hersfeld die Burg Rotenberg auf dem Hausberge von Rotenburg rechts von der Fulda angelegt. Schon seit dem Jahre 1170 lassen sich Burgmannen dieser landgräflichen Vogtei-Burg nachweisen. Um die Burg bildete sich nun ein Verwaltungsbezirk, das Amt Rotenburg, das 1372 zuerst urkundlich belegt ist. Entsprechend der Grenzlage seines Zentrums, der Burg Rotenberg, erwuchs dieses hessische Amt aus zweierlei Gebiet, sowohl aus landgräflichem Gebiet als auch aus althersfeldischem innerhalb des Bannbezirkes von 1003 gelegenem Besitz. Dazu zählte die schon im „Breviarium Lulli" genannte „villa Bracho (Braach), die Grenzdörfer des Bannbezirkes Sterkelshausen und Baumbach, die vermutlich vom Hersfelder Abt auf dem linken Fuldaufer in der Gemarkung der Wüstung Breitingen gegründeten Stadt Rotenburg und die Dörfer Lüdersdorf, Breitenbach, Blankenheim, Mecklar und Meckbach. Zu deren Behauptung bzw. endgültigem Erwerb erbaute Landgraf Ludwig I. im Jahre 1416 eine zweite Burg, die Burg Ludwigsau. Sie lag unterhalb der Mündung des Rohrbachs in die Fulda und damit eindeutig auf ehemals Hersfelder Gebiet. Der Bau dieser Burg zeigt recht deutlich, mit welcher Hartnäckigkeit und Rücksichtslosigkeit die hessischen Landgrafen ihre Gebietserwerbungen im Hersfelder Einflussgebiet betrieben. Der Hersfelder Abt konnte nur noch resignierend feststellen, dass der Landgraf diese Burg *„uff unsers stiffts grunth unnd eigenthum"*[17] gebaut habe. Die Stadt Rotenburg wurde nun, wie schon gesagt, Amtsmittelpunkt für das der Abtei Hersfeld entfremdete Gebiet. Das dortige Obergericht gliederte sich in drei Gerichtsstühle, wobei Mecklar mit Blankenheim, Lüdersdorf und Meckbach dem Gerichtsstuhl in Breitenbach zugeteilt war. Nur das der Hersfelder Abtei unmittelbar unterstellte Kloster selbst und dessen Bezirk der engeren Immunität, von dem die Landgrafen mit ihren vogteilichen Befugnissen ausgeschlossen waren, verblieb bei dem Hersfelder Territorium.[18]

Mecklar, das also nördlich der neuen Grenze lag, und damit kommen wir wieder zum Anlass dieses Exkurses zurück, war als ehemals Hersfelder Ort nunmehr hessisch geworden. Auch das im 16. Jahrhundert evangelisch gewordene Gebiet der Abtei fiel schließlich samt der Stadt Hersfeld nach dem Westfälischen Frieden von 1648, der den Dreißigjährigen Krieg beendete, endgültig an die hessischen Landgrafen, nachdem diese schon 1606 nach dem Tode des letzten Abtes Joachim Röll die Administration der Abtei übernommen hatten. Erst das Organisationsedikt des Kurfürsten Wilhelm II. aus dem Jahre 1821 löste die alte Ämterverfassung Kurhessens auf und schuf eine Kreiseinteilung nach preußischem Vorbild. Im Jahre 1836 schließlich wurden die Orte Mecklar und Meckbach mit dem Kreis Hersfeld vereinigt[19]. Aber auch die Problematik der Zugehörigkeit hat sich inzwischen erledigt, da beide Landkreise heute zum Kreis Hersfeld-Rotenburg zusammengeschlossen sind.

5. Ersterwähnung und weitere Entwicklung

Endlich, im Jahre 1252, war es dann so weit, dass auch Mecklar, das ja schon so lange existiert haben muss, wie schon weiter oben geschildert, von der Historie für würdig befunden wurde, erstmalig in einer Urkunde erwähnt zu werden. Kehren wir also in die Mitte des 13. Jahrhunderts zurück. Hier ist noch einmal das Kloster Blankenheim zu nennen, das damals noch territorial wie gerichtlich zur Abtei Hersfeld gehörte. Hierhin hatte um 1230 Abt Ludwig das Nonnenkloster verlegt, das sein Vorgänger Siegfried 1190 in Aua im Geisgrunde zu Ehren der

Mutter Gottes und des Apostels Johannes gegründet hatte. Das Kloster lag an der Stelle, die schon früher durch die Einsiedelei des Gumbert (s.o.) gewissermaßen ihre Weihe erhalten hatte. Gedacht war es als Versorgungsanstalt für unverheiratete Töchter der hersfeldischen Dienstmannschaft, die in der Umgegend ansässig war, darunter die von Bebra, Breitingen, Braach, Baumbach, Iba, Meckbach, Mecklar, Milnrode, Rotenberg und Ronshausen. Auf diese Weise erhielt das Kloster durch Schenkungen und Mitgift der neu eintretenden Nonnen ausreichenden Besitz, so dass seine Existenz sichergestellt war. [20] Die Äbtissin des Klosters Heerse in Westfalen, Gertrud, schenkte dem Kloster Blankenheim die Güter, die ihr eigenes Kloster in Owa (eine Wüstung bei Meckbach) besaß (1233). Die Nonnen von Blankenheim konnten sich sogar der Gunst einer Königin zu erfreuen. Beatrix, die Witwe des deutschen Königs Heinrich Raspe (+ 1247), gab ihnen ihre Güter in Hergershausen. Helfrich, ein Rotenburger Kastellan, muß ebenfalls ein besonderes Vertrauen zu ihnen gehabt haben. In einer Urkunde vom 30. Juli 1252, zu deren Beglaubigung mehrere Zeugen genannt werden, legte er die Sorge für das Seelenheil („pro salute anime") seiner Familie in die Hände der Nonnen von Blankenheim. Dem Seelenheil seiner Gattin Elisabeth gelten 4 Mansen in Braunhausen und für sein eigenes 5 Solidi Zins aus den Gütern in Owa bei Meckbach und Lehen, die er in Hergershausen hatte. Helfrich fügte dem allen noch eine Manse in Mecklar hinzu. Unter einer Manse verstand man einen Hof mit einer Hufe Ackerland, wobei eine Hufe etwa 30 Morgen entsprach. So heißt es in dieser für Mecklar so bedeutsamen Urkunde: „ ... *Item contulimus ipsi ecclesie I. mansum in Mekelar ad luminaria ......* "[21] Wörtlich in das Deutsche übersetzt lautet dieser Satz: ... Ebenso haben wir entrichtet (aufgebracht, beigetragen, beigesteuert u.ä.) der Kirche selbst eine Manse für die Lampen. ..." Die Pacht von diesem Hofe sollte also für die Beleuchtung der Kirche verwendet werden.

In der Folgezeit wird dann auch Mecklar hin und wieder in Urkunden erwähnt, was aber mehr einer um Dokumentation der Ereignisse bemühten Bürokratie als einer nun etwa gewachsenen Bedeutung Mecklars zuzuschreiben ist. So werden Mecklar und Meckbach 1387 genannt, als beide Orte zusammen mit dem Schloss Friedewald in den Kämpfen Landgraf Hermanns II. als hessischer Besitz an die Herren von Buchenau verpfändet wurden.

Im Jahre 1498 erscheint Mecklar in Rentmeisterrechnungen des Obergerichtes Rotenburg, zu dessen Gerichtsstuhl in Breitenbach es gehörte. (s.o.) Im Rotenburger Salbuch von 1538 wird durch einen Grenzzug zwischen Hessen und Hersfeld noch einmal die Zugehörigkeit Mecklars zur Jurisdiktion des Amtes Rotenburg bestätigt.

6. Schlussbetrachtung

Zieht man ein Resümee aus dem Geschilderten, so erscheint Mecklar als ein sehr alter Ort, der bereits in der Frühzeit unseres Landes gegründet wurde. Zunächst lag er im chattischen Grenzgebiet zu Thüringen, danach im Randgebiet des Frankenreiches zu den Sachsen. In einer umstrittenen Grenzlage blieb Mecklar zunächst auch, als unser Gebiet in die Mitte Deutschlands rückte. Diesmal stritten die Reichsabtei Hersfeld und die Landgrafschaft Hessen um die Einflußnahme in unserem Gebiet, wobei letztere Sieger blieb, wie wir gesehen haben. So blieb denn Mecklar lange ein bescheidenes Bauerndorf, etwas abseits der Hauptverkehrswege liegend und in Urkunden kaum erwähnt. Seine Einwohner waren zunächst wohl Dienstmannen des Hersfelder Klosters oder auch Abhängige anderer wohlhabender Herren, deren Grund und Boden man verschenken und verpfänden konnte. Die alte bäuerliche Freiheit war schon lange vernichtet worden. Ehrmindernde Abgaben hatte man den Bauern zum Zeichen ihrer persönlichen Unfreiheit auferlegt. Ihre Rechte in Bezug auf die Gemeindegüter wie Wald und Weide hatte man beschränkt und eine Überfülle von Verpflichtungen und Dienstleistungen war ihnen aufgebürdet worden.[22] So war das Leben in jenen Zeiten sicher mühevoll und wenig beschaulich oder gar abwechslungsreich. Der Bauernkrieg, der auch in das Hersfelder Gebiet hineinreichte und das Eingreifen des Landgrafen Philipp erforderlich machte, mag als Beleg für die schlimme Lage dienen, in der sich die einfache Landbevölkerung befand. Die Verhältnisse in Mecklar dürften sich in keiner Weise von denen in anderen Gegenden unseres Landes unterschieden haben, auch wenn es dafür keine unmittelbaren Belege gibt. Das folgende Jahrhundert brachte indes sicherlich keine Besserung. Der Dreißigjährige Krieg brach über Deutschland herein und brachte auch in unserer Gegend Not und Tod. Aber das ist dann auch wieder eine andere Geschichte.

7. Literatur / Quellen

• Dr. Hans Bahlow: DEUTSCHLANDS ÄLTESTE FLUß- UND ORTSNAMEN, Teil 2, erschienen im Verlage des Verfassers, Hamburg 1963

• Heinrich Blum: Hessische Heimatgeschichte, Im Bärenreiter-Verlag zu Kassel 1933

• Philipp Hafner: Die Reichsabtei Hersfeld bis zur Mitte des 13. Jahrhunderts; Hersfeld im Jubeljahr 1936, Zweite , neu bearbeitete Auflage, Hans Ott Verlag - Druck der Hoehlschen Buchdruckerei Hersfeld

• Walter Heinemeyer: Das Werden Hessens, Veröffentlichungen der Historischen Kommission für Hessen, 50, N.G.Elwer Verlag (Kommissionsverlag), Marburg 1986

• Rudolf Kellermann und Wilhelm Treue: Die Langen und die Kurzen Hessen, Auf alten Wegen von Homberg und Alsfeld nach Osterode, Herausgegeben von den Kamax-Werken, Rudolf Kellermann, Osterode am Harz, Homberg (Oberhessen) und Alsfeld, 1970

• Landau, Georg: Beiträge zur Geschichte der alten Heer- und Handelsstraßen in Deutschland, Hessische Forschungen zur geschichtlichen Landes- und Volkskunde, Heft 1, Bärenreiter-Verlag Kassel und Basel, 1958

• Wilhelm Neuhaus: Auf den Spuren der Abtei Hersfeld in deutschen Gauen, Hans Ott- Verlag, Hersfeld 1941

• Wilhelm Neuhaus: Geschichte von Hersfeld, Von den Anfängen bis zur Gegenwart, 2. Auflage, Hans Ott-Verlag , Bad Hersfeld

• Franz Carl Theodor Piderit: Denkwürdigkeiten von Hersfeld, Hersfeld 1829, im Industrie-Comptoir

• Karl Schellhase: Territorialgeschichte des Kreises Rotenburg an der Fulda und des Amtes Friedewald, N.G. ELWERTsche Verlagsbuchhandlung (Kommissionsverlag), Marburg 1970

• Wilhelm Södler: Spuren der Vergangenheit, Frühmittelalterliche und mittelalterliche Spuren in Ludwigsau-Mecklar, im Eigenverlag 1999 - 2000 (W. Södler, Beim Kalkofen 8, 36211 Alheim-Heinebach)

• Helfrich Bernhard Wenck: Hessische Landesgeschichte, Dritter Band, Frankfurt und Leipzig 1803; Urkundenbuch

57

• Elisabeth Ziegler: Das Territorium der Reichsabtei Hersfeld, Schriften für Landeskunde von Hessen und Nassau in Verbindung mit Marburger Fachgenossen herausgegeben von EDMUND STENGEL, 7. Stück, N.G. Elwert'sche Buchhandlung (Kommissionsverlag), Marburg, 1939

Teil III

Die Einführung der Verbesserungspunkte in Hersfeld unter Landgraf Moritz

1. Vorbemerkung

Wer mit der Hersfelder Geschichte nicht vertraut ist, wird nicht einsehen wollen, wie es möglich ist, dass Landgraf Moritz in Hersfeld Kirchenverbesserungen einführen konnte, da die Stadt eigentlich nicht zu Hessen-Kassel gehörte, wenigstens zu der Zeit noch nicht, als Landgraf Moritz die Verbesserungspunkte einführte. Aus der Tatsache, dass Hersfeld ein geistliches Fürstentum war, resultierten deshalb auch Kompetenzstreitigkeiten mit den Institutionen des Stifts, wenn derartige Einmischungen von seiten Hessens in Angelegenheiten Hersfelds geschahen. Die gerade erst erfolgte Übernahme der Administration durch den hessischen Prinzen Otto bedeutete einen vorläufigen Höhepunkt der hessischen Einflußnahme in die Geschicke Hersfelds und des Stiftslandes. Sie erleichterte die Einführung der Verbesserungspunkte nicht unerheblich, wenn sie es nicht sogar überhaupt erst möglich machte. Die „katholische" Vergangenheit des Hersfelder Stiftes lässt uns zudem einige Fragen stellen, die den glaubensmäßigen Stand der Hersfelder Kirche betreffen, zumal noch bis 1606 ein Abt die Regierungsgewalt im Stift ausübte, wenn er auch in seiner Souveränität durch hessische Rechte eingeschränkt war. Es scheint deshalb wünschenswert, die Geschichte Hersfelds und des Stifts in den für die Darstellung der Einführung des Verbesserungswerkes wichtigen Punkten zuerst kurz zu skizzieren, um den kirchlichen und politischen Stand Hersfelds bei der Einführung der Verbesserungspunkte zu verdeutlichen.

2. Die politische Situation des Stiftes Hersfeld bei der Einführung der Verbesserungspunkte

Die Abtei Hersfeld war ursprünglich ein selbständiges geistliches Fürstentum mit beträchtlichem Besitz, der vornehmlich in Thüringen gelegen war. Andere Teile seines Besitzes waren bis an die Mosel, an den Rhein und nach Westfalen hinein verstreut. Auf einem im Januer 775 in Quierzy abgehaltenen Reichstag hatte König Karl das von Lull gegründete Kloster in seinen und seiner Nachkommen Schutz genommen und ihm außergewöhnliche Vorrechte eingeräumt. Durch die Schutzverleihung, die die Abtei dem König unmittelbar unterstellte, wurde sie zur Reichsabtei erhoben und damit die spätere Stellung des Abtes als Reichsfürst mit Sitz und Stimme im Reichstag angebahnt. Die anfängliche Macht und das Ansehen der Abtei schwanden jedoch im Laufe der Jahrhunderte dahin. Die weit verstreuten Besitzteile und das Ineinandergreifen der Grenzen und Gerechtsame, die zumeistens nicht genau festgelegt waren, hatten oft zu Streitigkeiten mit den vielen Nachbarn geführt. Die Zentralgewalt des Reiches, der Kaiser und seine Gerichte, waren ohnmächtig. Das Kloster hatte nicht die Machtmittel, um seinen weitverstreuten Besitz gegen die landlüsternen und stärkeren Nachbarn behaupten zu können. Manches wurde der Abtei gewaltsam entrissen, anderes ging auf dem Umwege über die Lehensverleihung, Übergabe der Vogteirechte (z.B. an die Landgrafen von Hessen) oder Verpfändung verloren. Schließlich besaß die Abtei nur noch einen einzigen größeren Ort, die Stadt Hersfeld selbst, und einige größere Ämter. Aber die Stadt stand dem Stift eher feindlich gegenüber und neigte beträchtlich den Landgrafen von Hessen zu , denen ihrerseits auch nichts an der Erhaltung der Abtei gelegen sein konnte, bot doch ihre Einverleibung eine günstige Arrondierung des eigenen Gebietes

Dem wachsenden Einfluß der Landgrafschaft Hessen auf die Abtei im 14. Jahrhundert konnte sich diese auch dadurch nicht entziehen, dass sie in den dieses Jahrhundert erfüllenden Kämpfen zwischen der Landgrafschaft Hessen und dem Erzbistum Mainz unter Abt Berthold von Völkershausen (1376 - 1388) eindeutig auf die mainzische Seite trat. Als der Abt in Verfolgung dieser gegen Hessen gerichteten Politik 1373 sogar Mitglied des Sternerbundes wurde, ging die mit ihm verfeindete Stadt Hersfeld zu den Landgrafen von Hessen und Thüringen über und schloss mit ihnen 1373 ein Bündnis. Seitdem trennten sich Stadt und Stift, nachdem sie sich in jahrelangen schweren Auseinandersetzungen gegenseitig stark zugesetzt hatten (Vitalisnacht 1378). Infolgedessen nahm das Stift 1379 und 1381 die Vermittlung des Landgrafen von Hessen in diesem Streit an und schloss 1383 sogar ein dreijähriges Schutzbündnis mit ihm. Doch führten die Übergriffe hessischer

Ritter 1384 zu einer gegen diese gerichteten Verbindung der Stifter Fulda und Hersfeld, so dass es nunmehr Erzbischof Adolf von Mainz 1385 (wie schon 1383 in Fulda) glückte, von der Abtei Hersfeld zum Schirmherrn und Verweser auf Lebenszeit eingesetzt zu werden. Wenn nach dem Tode Erzbischof Adolfs der mainzische Einfluss auch zurückging, so wurde er doch durch den unter Erzbischof Konrad von Mainz und der Landgrafschaft Hessen wieder aufflammenden Streit wiederbelebt. Konrad nahm das Stift 1420 in seinen Schutz und beanspruchte zwei Jahre später die Rolle eines ständigen Schiedsrichters zwischen Hersfeld und Hessen. Bei dieser Lage entschied der entgültige Sieg Hessens über das Erzbistum Mainz 1427 auch über die politische Zukunft Hersfelds. 1430 schloss die Stadt ein Bündnis mit dem Landgrafen zur gegenseitigen Hilfe. Ähnliche Verträge waren schon 1414, 1421 und 1423 abgeschlossen worden. Im Jahre 1432 ernannte Abt Albrecht von Buchenau, des ewigen Haderns müde, Landgraf Ludwig den Friedfertigen zum erblichen Schirmherrn des Stiftes. In den Jahren 1458 und 1490 wurde dieser Erbschutzvertrag erneuert. Im Jahre 1517 schloss Abt Crato in Gemeinschaft mit Dechant und Konvent mit der Regierung des Landgrafen Philipp einen Vertrag ab, in dem der Erbschutz erneuert wurde. Es wurde auch festgesetzt, dass das Stift niemals mehr einem anderen Stifte, sei es ein großes oder ein kleines einverleibt werden dürfe; ein Abt dürfe nur auf dem Wege der „Elektion" oder der „Postulation zur Administration des Stiftes kommen und dem Hause Hessen nicht zuwider sein.[23] Das bezieht sich darauf, dass Abt Volpert Riedesel von Bellersheim 1513 zugunsten des Fuldaer Abtes Hartmann von Kirchberg resignierte. Volpert hatte, gedrückt von der Schuldenlast, in welche ihn besonders der beim Reichskammergericht verlorene Prozess gegen die Stadt gestürzt hatte, den verzweifelten Entschluss gefasst, die Abtswürde gegen die fuldische Probstei Andreasberg einzutauschen. Der fuldische Kanzler Philipp von Schweinsberg hatte die Huldigung des Hersfelder Kapitels eingenommen, der sich nur einer der Kapitularen, Kraft Myle, der nachherige Abt Crato, widersetzt hatte. Auch die Stadt Hersfeld selbst, durch Erbschutzverträge an Hessen gebunden, hatte den Gehorsam verweigert. Wegen der daraus entstehenden Verwirrung und Unordnung hatte dann Hartmann schließlich auf die Abtei Hersfeld verzichten müssen[24]

Im Januar 1525 nahm sich Landgraf Philipp Hersfeld, Landeck,

Berka und noch verschiedene andere Besitzteile der Abtei, um sich für die dem Abte im Bauernkrieg geleistete Hilfe zu entschädigen. Er wollte sie so lange behalten, bis die Kriegskosten gedeckt wären. Durch die Verträge von 1550 mit Abt Crato und 1558 mit Abt Michael sicherte sich Landgraf Philipp das Recht auf weitere teilweise Inbesitznahme des Gebietes der Abtei, u.a. den Besitz der einen Hälfte der Stadt Hersfeld auf weitere zwanzig Jahre. In dem letztgenannten Vertrag werden die schon bestehenden Schutzbriefe erneuert und bestätigt *„unnd gnediger Herr Landgraue Philips unnd seiner Lt. unnd furstlichenn gnaden Manliche Leibs Erben, die Stadt Hersfeldt mit aller Obrigkeit, Herlicheit Gerechtigkeit, Nutzungen und gefellen wie die Namenn haben mögen nhun Hinfurt von Dato bis vertrags an Zurechnenn Zwantzig Jahr Lang Zu seinen Helfftenn theill, mit und benebenn uns[25] unnd unsernn Nachkommen Zu unsernn Helfftentheil, regieren, Inhaben, nutzen, und gebrauchen soll.*"[26] Die religiösen und politischen Verhältnisse waren zur Regierungszeit dieses Abtes von einer solchen Art, dass man in Deutschland zu dieser sonderbaren Gestaltung eines geistlichen Stiftes kaum ein Gegenstück finden kann. *„Ein katholisch er Abt an der Spitze, der Dekan protestantisch gesinnt, das Capitel gemischt, Stadt und Gebiet ganz der evangelischen Lehre zugethan, der eifrigste Vertheidiger des Protestantismus der Schutzherr des katholischen Abtes! Und alles dieses ohne Genehmigung des Kaisers, den bestehenden Kirchengesetzen, dem Willen des Papstes geradezu entgegen.*"[27] So wurde es immer schwieriger, ja unmöglich, einen Abt zu finden, der in die Doppelrolle hineinpasste, die er zu spielen hatte, nämlich dem Landgrafen und der evangelischen Sache geneigt, aber auch dem Papst und dem Kaiser genehm zu sein. Die Abtswahl aber wurde dadurch beträchtlich erschwert, weil der Abt durch das Kapitel gewählt wurde, das also mit Leuten besetzt sein musste, die durchaus den Wünschen des Landgrafen gefügig waren. Diese Verhältnisse hatte man also in Hersfeld und zwar in einer Zeit, in der sich die Gegensätze zwischen den Konfessionen - der Dreißigjährige Krieg warf schon seine Schatten voraus - so unheilvoll verschärften. Ein Abt aber, der Hessen nicht ganz ergeben war, konnte, gestützt durch die ganze katholische Welt Deutschlands, die durch Jahrhunderte mühsam errungene Stellung Hessens in der Abtei zunichte machen.

Im Einverständnis mit dem (allmählich) evangelisch gewordenen Kapitel designierte dann der letzte Abt des Stiftes Joachim Röll den zehnjährigen Sohn des Landgrafen, den Prinzen Otto, zu seinem Nachfolger. 1604 wurde Erbprinz Otto von Hessen zum Coadjutor des Stiftes gewählt. Als am 24. Februar 1606 Abt Joachim starb und die Reihe der Hersfelder Äbte schloss, deren 60 nach Lullus über Hersfeld regiert hatten, übernahm Otto, obgleich erst zwölf Jahre alt, unter dem Titel eines Administrators am 4. März die Verwaltung des Stiftes. Das war ein Titel, womit man früher provisorische Bischöfe vor erhaltener päpstlicher Admission zum bischöflichen Amt bezeichnete. *„Die getheilte Herrschaft über dasselbe erreichte damit ihr Ende, und froh über die eingetretene Veränderung leistete die dem Hause Hessen längst ergebene Stadt die Huldigung."*[28] Somit war Hersfeld aber dem Regiment des Landgrafen Moritz ganz geöffnet. Die Pfarrkirche, welche mit der Hälfte der Stadt und einigen hersfeldischen Ämtern nun schon seit Philipp dem Großmütigen unter hessischer Vorherrschaft stand, konnte Moritz jetzt mit um so größerem Erfolg seiner Reform zu unterwerfen hoffen.

3. Die hessische Kirche und die Verbesserungspunkte

Landgraf Moritz hatte den Ehrgeiz, sich auch als kirchlicher Reformator zu betätigen. Es handelt sich um den Reformversuch, den man mit dem Namen „Einführung der Verbesserungspunkte" bezeichnet hat. Er zeigt, wie in jenen Zeiten fürstliche Willkür auch auf dem religiöskirchlichen Gebiet regierte und mit brutaler Macht Unterwerfung forderte. Es war die Zeit der unfruchtbaren dogmatischen Streitigkeiten zwischen den Lutherischen und den Calvinisten. Unmöglich können hier alle die unseligen Streitigkeiten mit der Masse der an sie sich anknüpfenden Nebenkämpfe vorgeführt werden. Betrachtet man aber den Bekenntnisstand der gesamthessischen Kirche vor der Einführung des sogenannten christlichen Verbesserungswerkes des Lndgrafen Moritz, so kann man sagen, dass das Bekenntnis gemäßigt lutherisch war. Hassencamp schreibt in seiner Hessischen Kirchengeschichte: *„Die hessische Kirche war eine lutherische Kirche mit Melanchthonischer Versöhnlichkeit, und es hatte in ihr neben der Augsburgischen Confession nur die Wittenberger Vereinigungsformel ein Unbestrittenes Ansehen."*[29] In einer neueren Untersuchung schreibt Theodor

Griewank: *„Zusammenfassend kan man sagen: Das Bekenntnis der gesamthessischen Kirche war noch um 1590 gemäßigt lutherisch, d.h. augsburgisch im vorkonfessionalistischen Sinne der Zeit des Schmalkaldener Bundes und ohne Ausschließung eines „reformierten" Sakramentsverständnisses. Die Theologie hatte sich im Oberhessen Ludwigs IV., des Schwiegersohns Christophs von Württemberg, dem „ubiquistischen" Luthertum angeschlossen, während sie sich im melanchthonischen Niederhessen Wilhelms IV. Durch Ablehnung dieses entschiedenen Luthertums und Aufnahme von „Kryptocalvinisten" aus Kursachsen und anderen Gebieten (seit 1577) der des westdeutschen Refor-miertentums näherte.* [30] Eine schwer überschaubare und örtlich sehr verschiedene Mischung von Traditionalismus und biblischem Reformgeist kennzeichnete endlich auch das gottesdienstliche Leben, wie Landgraf Moritz noch zu seinem Leidwesen erfahren sollte. So war im inneren Niederhessen die Reformation nicht nur früher, sondern auch gründlicher durchgedrungen als etwa in der Werragegend, Oberhessen und Schmalkalden. Wie aus dem vorigen Kapitel hervorgeht, das die politische und kirchliche Zugehörigkeit des Stiftes Hersfeld zu Hessen schildert, dürfte dieser Bekenntnisstand auch für die Kirchen des Stiftes Hersfeld zutreffen.

Die Motive, die Landgraf Moritz den Gelehrten bewogen, sein christliches Verbesserungswerk in Angriff zu nehmen, waren vielfacher Art. Einmal war es wohl sein Glaube an die Notwendigkeit, Kirchenlehre und Gottesdienst nach dem Buchstaben der Biebel zu formen, und andererseits war es seine entschiedene Abneigung gegen das dumpfe, mystisch-spekulative Luthertum und die innere Zugehörigkeit zur klaren Welt des westeuropäischen Calvinismus, in dessen Geist er bereits erzogen war. Als er dann in zweiter Ehe 1603 Juliane von Nassau-Siegen geheiratet hatte, nahm er den ihm schon lange nahestehenden reformierten Glauben an, zu dem sich auch seine Frau bekannte. Ein weiteres Motiv mag seine pädagogische Leidenschaft gewesen sein, der Trieb zu belehren, und endlich ein starkes Bewusstsein seiner von Gott empfangenen bischöflichen Gewalt. Das alles veranlasste ihn, 1605 in seinem Lande die Verbesserungspunkte einzuführen und damit einen nicht nur hinsichtlich des religiösen Friedens, sondern auch der politischen Folgen wegen besonders verhängnisvollen Schritt zu tun. Nach der Übernahme der Administration durch Erbprinz Otto 1606 war für Hersfeld die Zeit gekommen, in der auch hier die Verbesserungspunkte zur Geltung gebracht werden sollten. Was nun die drei Verbesserungspunkte selbst betrifft, so brachte der erste Punkt, *„Das die gefährlichen und unerbaulichen Disputationes und Streit von der Person Christi eingezogen, und von der Allenthalbenheit Christi ...... in concreto, als „Christus ist allenthalben" und nicht in abstracto, als „die Menschheit Christi ist allenthalben" solle gelehrt werden"*[31] Der zweite Punkt brachte: *„daß die zehn Gebote Gottes, wie sie der Herr selbst geredet, mit seinen eigenen Fingern auf die steinernen Tafeln und Moses in der Bibel geschrieben , gelehret, auch die vom Papsttum an etlichen Orten überbliebenen Bilder sollen abgetan werden.* "[32] Der dritte Punkt brachte : *„daß in der Administration ...... des hlg. Abendmals das gesegnete Brot nach der Einsetzung des Herrn (gemein Speisbrot sei n und) gebrochen werden soll.* "[33] Da diese Verbesserungpunkte das lutherische Bekenntnis offensichtlich im calvinistischen Sinne reformierten, konnte Landgraf Moritz sie nur gegen starke Widerstände in seinem Lande durchführen. Dies galt besonders für das streng lutherische Oberhessen und Schmalkalden.

4. Die Sanktionierung der Kirchenreform durch verfassungsmäßige Synoden

Die Autorität, mit welcher sich die landgräfliche Kirchenreform bis dahin geltend gemacht hatte, war die der absoluten Suprematie des Landesherren über die gesamte kirchliche Ordnung des Landes. Mit der früheren kirchlichen Entwicklung stand diese Form der Kirchenverbesserung im Widerspruch. Die kirchliche Verfassung, die nämlich auf der Wirksamkeit der General- und Diözesansynoden beruhte, war bei der Einführung der Reform ganz unbeachtet gelassen worden. Aber vielleicht konnten die ungenügenden Erfolge der bisherigen Reformversuche gerade hierin wenigstens teilweise ihren Grund haben. Moritz sah sich daher allmählich selbst gedrungen, für seine Sache eine andere Autorität und Sanktion zu suchen, und diese konnte er nur in der verfassungsmäßigen Ordnung der Kirche zu finden hoffen. Er entschloss sich daher im Anfang des Jahres 1607, die bisher ganz übersehene Institution der Synoden von neuem ins Leben zu rufen und dem Ermessen und der Wirksamkeit derselben - soweit es tunlich schien - die ganze Sache zu übergeben. Zur

Vorbereitung der Generalsynode war die Versammlung von Diözesansynoden in allen Bezirken des Landes erforderlich. Er beauftragte deshalb am 17. Januar 1607 die Superintendenten zu Kassel, Eschwege, Marburg und St. Goar, die Pfarrer ihrer Bezirke am 17. Februar 1607 zu Diözesansynoden zu versammeln und sich mit denselben über diejenigen Punkte zu verständigen, welche er in der Synodalproposition angeben werde.

Der Hersfelder Pfarrer - es war Pfarrer Vitus (Veit) - hatte in Eschwege zu erscheinen. Es ging insbesondere um das Sakrament des Abendmales, um die Zeremonien bei der Austeilung desselben und um die Lehre der zehn Gebote. Den Pfarrern wurden sieben Punkte vorgelegt, zu denen sie Erklärungen abgeben sollten. So wurde in dem ersten Punkt gefragt, ob sich die Pfarrer zu den vorangegangenen Synodal-Abschieden *„in artikulo der person Christi ejusqu. naturis (!)"*[34] bekennen würden *„unndt dar vonn nach inhalt derselbigen abschied reden undt lehren wollen oder nicht"*[35] Der Hersfelder Stadtpredig er erklärte, dass er den Synodalabschieden niemals zuwider gelehrt habe, *„und wo diselbige der persona Christi ejusqu. naturis (!) in concreto reden"*[36], da habe er auch so gelehrt, *„aber ahn die locutiones in concreto"*[37] allein sich *„zu obligieren,*[38] könne er nicht tun. Im zweiten der vorgelegten Punkte wurden die Pfarrer gefragt, ob sie die zehn Gebote Gottes, wie sie Gott zu lernen und zu lehren befohlen habe, ganz und ungestümmelt lehren würden oder nicht, und wo das nicht der Fall sei, aus welchen Ursachen sie denn hierin dem Worte Gottes gegenüber nicht den schuldigen Gehorsam übten.[39] Der Stadtpfarrer erklärte, den Decalog belangend könnte er das Gebot der *„non faciendis sculptilibus"*[40] als ein besonderes Gebot nicht ohne Gewalt einführen. Im dritten Punkt wurden die Pfarrer gefragt, ob sie beim Abendmahl Brot reichten, wie es von Christus verordnet sei, oder nicht. Zu diesem Punkt äußerte sich der Pfarrer, dass er sich in seiner Gemeinde dafür verwenden wolle, dass sie die Zeremonie des Brotbrechens für ein „Adiaphoron" (etwas Gleichgültiges) erachte, wofür auch er sie halte, und sie annehme. Im Falle, dass die Gemeinde eine Annahme dieser Zeremonie verweigern würde, wolle und könne er seine Gemeinde nicht verwirren.[41] Auf die vier übrigen Punkte liegen keine Antworten des Pfarrers vor. Wie es scheint, war auch der Rat der Stadt aufgefordert worden, eine schriftliche Erklärung zu disen Punkten abzugeben. Es liegt nämlich eine

Erklärung desselben vor, in welcher dieser verkündet, dass er mit des Pfarrers Meinung völlig übereinstimme. Was die Natur Christi angehe, so sei ein jeder mit der Lehre aufgezogen worden, wie sie bisher gelehrt worden sei, und man wolle es dabei auch bewenden lassen, *„daß der her Christi warhaftig im Abentmahl gegenwertig sey, wie es aber zü gehe, das stellen sie Gott und seiner allmacht, die alles nach seinem willen schaffen könne, anheim."*[42] Die Antwort des Rates auf den zweiten Punkt, der die Einfügung des Bilderverbots in die Tafel der zehn Gebote vorsah, ist sogar nicht ohne Sarkasmus. Man wüsste sich in Hersfeld nicht zu erinnern, dass die zehn Gebote jemals nicht vollständig gelehrt worden seien, und man glaube, das würde auch jetzt nicht geschehen. Wolle man aber die zehn Gebote ändern, also ein neues Gebot aus dem „Du sollst dir kein Bildnis machen" u.s.w. erstellen, so sei ihre Meinung, dass in dem ersten Gebot „Du sollst keine anderen Götter haben" u.s.w. doch auch schon enthalten sei, dass man keine Bilder anbeten solle. Sie wüssten sich auch nicht zu erinnern, dass in Hersfeld *„die crucifix und bilder angebetet worden seyen".*[43] Wenn man im übrigen aus zweien eines machen wolle, so stelle man dies dahin. Der letzte Satz bezieht sich wohl darauf, dass im neuen Katechismus (damit man durch die Einschiebung des Bilderverbots die Zehnzahl der Gebote nicht veränderte) das neunte und zehnte Gebot der lutherischen Fassung in eins zusammengezogen wurde. Was die Einführung des Brotbrechens beim Abendmahl betreffe, so halte der Rat diesen Punkt für ein Adiaphoron *„und kein notwendig, sondern ein freywillig ding, wan es aber ein necessarium und notwendig ding seyn solte, so würde es bei dem gemeinen man ein ergernis geberen, wöllen sich aber verhoffen, man werde dise christliche gemein bei dem, wie es bis dahero gebraucht worden, pleiben lassen und die gewissen beim gemeinen mann nicht verwirren."*[44] Die angeordneten Diözesan-synoden erbrachten für den Landgrafen die erfreuliche Tatsache, dass die Mehrzahl der Prediger des Landes den Verbesserungspunkten nicht entgegen war, so dass auf der Generalsynode die unbedingte Sanktionierung derselben erwartet werden konnte. Nur eine geringe wenn auch nennenswerte Anzahl von Geistlichen hatten sich gegen die Verbesserungspunkte erklärt. Dennoch schwankte Moritz, ob er vor einer Generalsynode nicht noch eine Generalversammlung der Ritterschaft einberufen solle, deren Renitenz ihm besonders im Wege stand. Er schickte daher am 9. März sämtliche vier

Abschiede der Diözesansynoden an die Kanzlei in Kassel und gab seinen Räten auf, aus denselben alles zusammenzutragen, was zur Erhaltung seiner „jurium episcopalium" dienlich sei. Die Kanzlei machte am 16. März den Vorschlag, dass Moritz die Generalsynode nach Eschwege ausschreiben solle, um von da aus um so erfolgreicher den Widerstand der Ritterschaft an der Werra brechen zu können. Moritz ging auf den Antrag der Kanzlei ein und schrieb die Genaralsynode auf den 12. April aus. Als Tagungsort der Synode bestimmte er jedoch nicht Eschwege sondern Kassel. Versammelt waren in Kassel die vier Superintendenten, zwei Kasseler Pfarrer, acht Metropolitane aus allen Teilen des Landes und dreizehn füstliche Beamte, darunter Landvögte an der Lahn und an der Werra und der Vizekanzler der Universität. Die Synodalpropositionen stimmten in ihren Hauptteilen mi denen der Diözesansynoden überein. Landgraf Moritz legte außerdem eine ihm tag s vorher zugegangene Eingabe der Ritterschaft an der Werra vor, deren Unterzeichner darin gegen den Beschluss der Eschweger Diözesansynode, dass gegen alle „recusierenden" Prediger mit Amtsentsetzung vorgegangen werden müsse, feierlichst protestierten. Während die drei Superintendenten aus Kassel, Marburg und St. Goar mitteilen konnten, dass sich in ihren Diözesen nur noch eineige „Recusanten" befänden, die sich aber bald fügen würden, meldete der Superintendent aus Eschwege, dass sich in seiner Diözese zwölf Pfarrer der Kirchenreform widersetzten. Diese wurden sofort vor die Schranken der Synode geladen, wo sie am 17. April über die Gründe ihrer Renitenz Rechenschaft ablegen sollten. Nach der Beendigung dieser Generalsynode war es das erste Anliegen des Landgrafen, den Widerstand der Pfarrer der adeligen Patronate und der Patronatsherren in der Werragegend gegen sein Verbesserungswerk zu brechen und in Eschwege die Kirchenreform einzuführen. Dann wandte er sich Schmalkalden zu, wo er die ersten Versuche zur Einführung der Verbesserungspunkte schon 1603 und 1605 unternommen hatte.

5. Die Bilder und Götzen werden aus der Hersfelder Stadtkirche entfernt

Frühere Versuche, das Hersfelder Kirchenwesen nach den Verbesserungspunkten zu reformieren, waren an dem Widerspruch des Pfarres Georg Vitus - man betrachte nur seine Erklärung auf die Synodalpropositionen - und des Kaplans Abraham Raid gescheitert. Um so energischer beschloss Landgraf Moritz, die Reform nun durchzusetzen. Eine landgräfliche Kommission, welche aus dem Superintendenten Reinman, dem Hofmeister Bernhard Hövel und dem Rat Johan Magnus bestand, wurde am 28. September nach Hersfeld geschickt, um mit dem jungen Administrator des Stiftes, dem Prinzen Otto, eine sorgfältige, theologische Prüfung vorzunehmen. Sie erhielt zugleich den Auftrag, die Hersfelder Prädikanten und Räte vorzuladen und zur Annahme der Verbesserungspunkte zu veranlassen. Der Präsident des Stiftes von Scholley nahm mit dem Kanzler Lersner und den übrigen Räten des Stiftes die Eröffnung der Kommission vor. Die Prädikanten dagegen wiesen das Ansinnen des Landgrafen mit größter Entschiedenheit zurück.

Ein volles Jahr verging, ohne dass der Landgraf Moritz auch nur den geringsten Erfolg seiner rastlos fortgesetzten Bemühungen wahrnehmen konnte. Als jedoch gegen das Ende des Jahres 1608 die in Schmalkalden erfolgte Erhebung des Volkes glücklich bezwungen und somit das Haupthindernis der Kirchenverbesserung beseitigt war, sollte dieselbe auch in Hersfeld um jeden Preis zur Ausführung gebracht werden. Von seinem Jagdschloss Friedewald aus gab Landgraf Moritz dem Hersfeder Schultheißen Jost Meckbach am 6. Dezember 1608 den Befehl, *„daß ohne weigern und tumult die bilder unndt götzen auß der Stadtkirchen geschafft werdenn. "[45]* Pflichtschuldig meldete der Schultheiß schon am nächsten Tage, dass der Befehl ausgeführt sei. Er habe den Rat und die Zunftmeister, *„die vorsteher von handwergken und gemein "[46]* in der Stadtkirche versammelt, ihnen den Befehl des Landgrafen vorgelegt und, nachdem er ihnen die drohende Ungnade des Landgrafen vor Augen geführt habe für den Fall, dass sie sich dem Befehl des Landgrafen widersetzen würden, durch zwei Steinmetze alle in der Kirche befindlichen Bilder und Statuen entfernen lassen. Nur vier oder fünf kleine Bilder an den Schlusssteinen der Gewölbe, die er ohne Gefährdung der Festigkeit des Gewölbes nicht abgeschlagen werden könnten, seien erhalten geblieben. Diensteifrig fragte jedoch Schultheiß Jost Meckbach an, ob er sie eventuell mit Kalk überziehen lassen solle, was dann auch geschah. Mit Trauer und Empörung liest man heute noch von diesem Vandalismus, dem sicher manches Kunstwerk zum Opfer gefallen ist. Wie aus dem Brief hervorgeht, hatte der Landgraf schon bei dieser ersten Maßnahme mit heftigem Widerstand in der Stadt gerechnet, denn in einem Beiblatt zu seinem Brief vom 6. Dezember 1608, das für den Schultheißen persölich bestimmt war, schreibt er, dass der Schultheiß den hersfeldischen Räten, die sich ohne Zweifel wohl einmischen würden, nichts zugestehen solle, *„dass sie uns in unser allein angehorgen pfar geweren und sich mit ihrem stifts und politischen gemeinen stadt sachen begnügen lassen."*[47] Das bezieht sich wohl darauf, dass er die Räte des Stifts nochmals belehren sollte, dass die Stadt zur Hälfte zu Hessen gehöre und der Landgraf vermöge seines „jus episcopale" allein über die kirchlichen Verhältnisse der Stadt zu bestimmen habe.

6. Die zweite landgräfliche Kommission und der Streit mit dem Stift

Trotz dieser Vorgänge um die „Bilder und Götzen" in der Stadtkirche beharrten die beiden Prediger, Pfarrer Vitus und Kaplan Abraham Raid, mit unbesiegbarer Festigkeit in ihrem Protest gegen jedwede Neuerung. Am 14. Dezember 1608 erhielten deshalb beide den Befehl, sich der Reform nicht weiter zu entziehen. Andernfalls würden sie auf ihre Stellen verzichten müssen. Aber die Antworten beider lautete, sie wären bereit, wenn es sein müsste, ihren Pfarrämtern zu entsagen. Sofort am 18. Dezember wurden die Hersfelder Kapitularen (in Abwesenheit des postulierten Administrators) aufgefordert, zur anderweitigen Besetzung der Pfarrei und des Diakonats Vorschläge zu machen. Außerdem beschloss Moritz, die Einführung und Sicherstellung der Reform in Hersfeld einer Kommission zu übertragen. Die Kommission, die am 27. Dezember in Hersfeld eintraf, bestand aus den Räten Johann Schwerzel zu Willingshausen, Bernhard von Hövel, Johann Bischof, dem Rat und Hofmeister der Gemahlin des Landgrafen Volprecht Riedesel zu Eisenbach, dem Superintendenten M. Georg

Reinmann, dem Landsekretär Eckhard Senger und dem Dekan von Rotenburg Johann Stein. Am folgenden Tag eröffneten sie dem Magistrat der Stadt, dass sie vom Landgraf Moritz ermächtigt seien, die Prediger nochmals zu ermahnen und bei weiteren Widersetzlichkeiten gegen die Reformen die Dienstentlassung der selben auszusprechen. Sie seien weiterhin beauftragt, den Rat und die Bürgerschaft zu befragen, ob sie über das Wesen der Kirchenverbesserungen hinlänglich belehrt und ob sie geneigt seien, sich denselben anzuschließen. Da die Stadtschule zur Pfarrei Hersfeld und nicht zum Stift gehöre, seien sie ferner beauftragt, den Rektor und die übrigen Lehrer zur Anerkennung der Verbesserungspunkte aufzufordern. Würden nun die Prediger und Lehrer ihre früheren Erklärungen wiederholen, so sollten sie den Landgrafen schleunigst davon benachrichtigen und die Hersfelder Räte zur Vornahme neuer Präsentationen nochmals auffordern. Aber was die eigentliche Berufung (Vocation) und Konfirmation der Prediger betreffe, welche nur dem Landgrafen vermöge seines „ius episcopale" zukomme, so sollten sie jeden Anspruch des Stiftes mit Entschiedenheit zurückweisen. Allein noch ehe die Kommission in Hersfeld eigetroffen war, hatte der Kanzler des Stiftes dem Landgrafen mitgeteilt, dass das Stift kraft der ihm zustehenden bischöflichen Gerechtsame die Pfarrei dem M. Joh. Stöckenius zu Grebenstein und das Diakonat dem Pfarrer J. Junius zu Gensungen übertragen wolle. Die erste Aufgabe, die der Kommission in Hersfeld zufiel , war deshalb die Klärung der Frage, in welchem Umfang dem Stift das Collaturrecht zustehe. Der Rat Hövel machte daher die Kapitularen des Stiftes darauf aufmerksam, dass Moritz sein „ius episcopale" niemals durch irgendeinen von dem Stift erhobenen Anspruch beeinträchtigen lassen werde. Der Superintendent Reinmann erinnerte zur Unterstützung dieser Ansicht daran, dass auch der Pfarrer Veit (Vitus) von ihm im alleinigen Auftrag des Landgrafen ordiniert und confirmiert worden sei. Hövel fuhr dann fort, dass es der Landgraf durchaus nicht begreifen könne, dass die Räte in ihrem Schreiben vom 25. Dezember von einem Mitrechte an der Vocation und Konfirmation der Prädikanten reden könnten, wo sie doch nur einige taugliche Männer zur definitiven Ernennung vorzuschlagen hätten. Er müsse daher annehmen, dass dieses Schreiben ohne Mitwissen der übrigen Räte des Stiftes nur von dem Kanzler Lersner aufgesetzt sei. Der

Kanzler erwiderte jedoch, es schmerze ihn sehr, dass Moritz diesen Argwohn hege, da er es mit allen Stiftsangehörigen vor Gott beteuern könne, dass dieses Schreiben mit vollkommenster Zustimmung aller Mitglieder des Kapitels aufgesetzt sei. Damit sich aber die Herren Kommissare überzeugen könnten, dass die vom Stifte ausgesprochene Ansicht über die Vokationsrechte auf die beiden Predigerstellen gerechtfertigt sei, erlaube er sich, eine Reihe in dem Stiftsarchiv aufbewahrter Akten vorzulegen, aus denen hervorgehe, dass das Stift Hersfeld allein im Besitz des Vocationsrechtes sei und das Konfirmationsrecht dem Stift in gleicher Weise zustehe wie dem Landgrafen. Lersner legte die Akten vor und meinte, dass sich auch die Kommissare sehr bald davon überzeugen würden, da die Akten kein anderes als das vom Stift behauptete Rechtsverhältnis begründen könnten. Wenn er übrigens die wohlerworbenen Ansprüche des Stiftes so ausführlich begründete, so sei dies nicht deshalb geschehen, um die Kirchenverbesserungen zu verhindern, sondern vielmehr um die Gerechtsame des postulierten Administrators zu schützen. Würde aber Landgraf Moritz trotzdem die in den Akten bekundeten Tatsachen ignorieren, so müsse das Stift dies auf sich beruhen lassen. Man müsse sich damit trösten, vor dem postulierten Administator und dessen Nachfolger ein reines Gewissen zu haben.

7. Der Landgraf erscheint persönlich in Hersfeld

Inzwischen hatte sich der Landgraf selber aufgemacht, um die Tätigkeit der Kommission durch seine persönliche Anwesenheit in Hersfeld unterstützen zu können. Die Erklärung des Stiftes wurde ihm daher mit allen dafür herangezogenen Aktenstücken sofort vorgelegt. Der Landgraf erklärte, die Kommission solle die von den Hersfelder Räten erhobenen Ansprüche, die die Teilnahme an den bischöflichen Rechten über die Pfarrkirche beträfen, auf sich beruhen lassen und sich genau an die von ihm gegebenen Instruktionen halten. Gegen die Üertragung des Diakonats an den Pfarrer Junius habe er nichts einzuwenden. Stöckenius dagegen könne aus besonderen Gründen nicht nach Hersfeld versetzt werden. Er sei es dagegen vollkommen zufrieden, wenn man den Stiftsprediger zu Hersfeld oder irgendeinen anderen mit den Verhältnissen der Stadt vertrauten Mann zum Pfarrer an der

Stadtkirche ernennen wolle. Vor allen Dingen solle man aber das in der Instruktion vorgeschriebene Examen mit den Pfarrern, den Lehrern, den Beamten, mit dem Stadtrat und dem Schultheiß, mit den Zünften und mit der ganzen Bürgerschaft vornehmen. Würden sich dann die Prediger immer noch schwierig zeigen, so solle man sich zeitig nach Stellvertretern derselben umsehen, die durch Predigen und Lehren die Kirchenverbesserung so lange vorbereiten und unterstützen sollten, bis man die Kommunion nach dem neuen Ritus feiern und dabei einer hinreichenden Zahl von Kommunikanten versichert sein könnte. Die Bürgerschaft möge man zur Ruhe und Ordnung ermahnen und sie vor jedem Versuch einer rebellischen Auflehnung warnen. Man solle darauf hinweisen, dass der Landgraf derartige Exzesse - falls sie vorkommen sollten - in Hersfeld nicht weniger hart bestrafen werde, als es in anderen Orten geschehen sei.

Außerdem ließ Moritz am anderen Tage den Stiftsräten eröffnen, es sei ihm im höchsten Grade befremdlich, dass sie sich ein Mitrecht an seinem „ius episcopale" anmaßen wollten. Er hoffe, sie hätten die Verkehrtheit ihres Auftretens schon eingesehen. Wenn sie aber bei ihren anmaßenden Forderungen beharren würden, so werde er sie bei dem postulierten Administrator des Stiftes so ausmalen, da dieser mit Abscheu gegen sie alle erfüllt werden sollte. Da aber Erbprinz Otto, der Administrator, erst 14 Jahre alt war, kann man sich leicht ausmalen, dass Landgraf Moritz seinen Sohn leicht hätte beeinflussen können, die halsstarrigen Stiftsräte aus ihren Ämtern zu entfernen. Es ist deshalb nicht verwunderlich, dass der Präsident mit dem Marschall und den übrigen Stiftsräten seinen größten Kummer darüber aussprach, dass Moritz ihre Erklä;rung so ungnädig aufgenommen habe. Diese Erklärung, so beteuerten sie nochmals, sei aber durchaus nicht in der Absicht abgegeben worden, um eine willkürlich gefasste Ansicht mit Halsstarrigkeit durchzusetzen, sondern um dem Administrator gegenüber das eigene Gewissen rein zu halten, weshalb sie auch die ganze Sache auf sich beruhen lassen würden.

Nachdem somit die vorbereitenden Erörterungen abgeschlossen waren, begab sich Moritz am Nachmittag dieses 29. Dezembers selbst in das Verhandlungszimmer der Kommissare. Er sprach sich den Stiftsräten gegenüber in einer ausführlichen Rede nochmals über die unbegründeten Einwände aus, die hin und wieder gegen die Verbeserungspunkte gemacht worden waren.

Er versuchte nachzuweisen, dass er bei der Kirchenreform weit davon entfernt sei, den Boden der Augsburger Konfession zu verlassen. Er wolle gerade den Grundgedanken derselben von der alleinigen und absoluten Gültigkeit der Heiligen Schrift praktisch zur Ausführung bringen und die notwendigen Folgerungen der Synodalbeschlüsse verwirklichen. Er ließ dann den Pfarrer Vitus herbeirufen, um denselben in einer Diskussion von der Notwendigkeit der Einführung der Verbesserungspunkte zu überzeugen. Moritz eröffnete dem Pfarrer, dass er sich doch erinnern müsse, nun schon zum wiederholten Male aufgefordert worden zu sein, die Verbesserungspunkte in Hersfeld einzuführen. Er schätze ihn als einen besonders begabten Mann, der die Richtigkeit der Verbesserungspunkte einsehen und anerkennen müsse. Es tue ihm, dem Landgrafen, sehr leid, dass er sich nicht nur gegenüber allen früheren Kommissaren ablehnend verhalten habe, sondern auch auf das ihm zugegangene fürstliche Schreiben mit Ablehnung reagiert habe. Es sei für ihn zwar jetzt schwierig, für die Richtigkeit der Verbesserungspunkte die Belege aus der Heiligen Schrift und aus den Büchern der erlauchtesten Doktoren der Kirchen beizubringen; das sei aber auch im Moment überflüssig, da Vitus über diese Dinge sehr wohl unterrichtet sei; er wolle ihm aber nur dies sagen, dass er nämlich bedenken möge, wie sehr er durch seinen Ungehorsam gegen das klare Wort Gottes sein eigenes Gewissen gefährde. Die danach beginnende Disputation zwischen dem Landgraf und dem Pfarrer dauerte bis zum Abend des Tages und wurde am folgenden Tage mit der größten Lebhaftigkeit fortgesetzt. Moritz bot alles auf, um seinen hochgeachteten Widersacher zur Nachgiebigkeit zu bringen. Moritz erbot sich sogar, Vitus zum Hofprediger zu machen für den Fall, dass er das Brotbrechen einführen werde. Aber auch der 30. Dezember verging mit erfolglosen Disputationen, da Vitus allen Ermahnungen des Landgrafen mit unerbittlicher Strenge seine Gewissensbedenken entgegenhielt. Vitus wurde schließlich, da alles Diskutieren nicht fruchtete, von Landgraf Moritz für eine gewisse Zeit - der Aktenschreiber weiß es auch nicht genau - vom Amt suspendiert. So steht in der Eintragung im Stadtratsgedenkbuch: *„undt ob wol Ihre f.g. selbst wie auch die hern comißarien mit M. Georgio Vito, den alten pfarhern dießer verbesserungspunkten und doktrinalien halben vielfertig (!) und nicht einmahl, sondern zum offternmahl gnedig und freundlich* *geredt, das er sich hierzu bequemen, die Verbesserungspunkten annehmen und auch der lehr halben sich accomodieren wolte, der ratth auch bei ihm etzlichmahl vleißig angehalten, das er I.f.g. nicht refragieren, sich zu den verbesserungspunkten schicken und bei diser ihm anbefolen gemein, welche ihnen alle miteinander lieb und wehrt hielten, pleiben wolte, so hat doch solches alles bei ihm nichts verfangen wöllenn, darauff I.f.g. ihnen erstlich ein tag od. 6 ab officio suspendiert!"*[48] Die Langatmigkeit der Niederschrift, die Wortwahl und der Inhalt zeigen ganz deutlich, dass der Pfarrer Vitus in Hersfeld sehr beliebt gewesen sein muss. Moritz verordnete, da am Neujahrstag 1609 der Dekan Johann Stein von Rotenburg, am Dreikönigstag M. Clebius und zur Vesper der Pfarrer von Ronshausen die Predigten versehen sollten.

Nachdem Moritz verärgert wieder nach Marburg abgereist war, setzte die Kommission die Verhandlungen mit dem Kaplan und den Lehrern der Schule fort. Der greise Kaplan Abraham Raid gestand zwar ein, dass es ihm schwer falle, sich nach einer ruhigen vierundfünfzig-jährigen Amtsführung noch mit Neuerungen befassen zu müssen; er erklärte jedoch, die Verbesserungspunkte annehmen zu wollen.

Auch die beiden Lehrer Antonius Engelbrecht und Adam Kisner gaben die gewünschte Willfährigkeit zu erkennen. Der Rektor dagegen, dessen jämmerliche Erscheinung den Unwillen der ganzen Kommission erregte, bat - man weiß nicht, ist es Ernst oder Spott - ihn mit allen Verbesserungspunkten verschonen zu wollen, da ihn seine Gedächtnisschwäche daran hindere, das Bilderverbot im Dekalog auswendig zu lernen. An einem einzigen Psalm habe er einst mehrere Jahre lang lernen müssen.

Ein neuer Versuch, welchen Dekan Stein und der Stadtrat am Morgen des 31. Dezembers machten, den Pfarrer Vitus zur Nachgiebigkeit zu bewegen, schlug gleichfalls fehl. Vitus erklärte nämlich, er werde sich nur insofern zur Annahme der Verbesserungspunkte verstehen, als man ihm gestatten werde, das Brotbrechen als ein Adiaphoron anzusehen, das Bilderverbot mit Beibehaltung der bisherigen Einteilung des Dekalogs an das erste Gebot des lutherischen Katechismus anzuhängen und in der Lehre sich an die Augsburger Konfession, an die drei alten Symbole, die Schmalkaldener Artikel und an den Katechismus Luthers zu halten. Die Kommission wusste, dass sich Moritz auf solche Vorbehalte nicht einhalten würde. Sie forderten daher das

Stift auf, zur Neubesetzung der Pfarrerstelle Vorschläge zu machen. Die Stiftsräte konferierten über die erhaltene Aufforderung mit dem Stadtrat, dessen Wünsche nach ihrer Aussage bei der Besetzung geistlicher Stellen dem Herkommen nach gehört werden müssten. Sie präsentierten schließlich unter Bezugnahme auf den am 28.12,1608 erhaltenen Befehl einen geborenen Hersfelder, den M. Heinrich Clebius (Glebe), der z. Z. Pfarrer in Braach bei Rotenburg war.

8. Das Volksverhör

Inzwischen wurde das Examen der Beamten, des Magistrates und der Bürgerschaft, welches von einigen Mitgliedern der Kommission schon am 29. Dezember begonnen worden war, ununterbrochen fortgeführt. Die Zahl der Verhörten betrug 553, von denen sich jeder einzelne zu folgenden fünf Fragen erklären musste: *„1. Nachdem die Bilder abgeschafft und sie darinnen parirt, ob dann nicht auch sie sich schuldig erkennen, darinnen Gehorsam zu leisten, dass die zehn Gebote ganz und wie sie in Gottes Wort befindlich seien, gelehrt und gelernt werden. 2. Ob sie ihre Kinder fleißig zur Kinderlehre und Schule schicken, und sie die zehn Gebote ganz lernen laßen wollten, wie auch das Hausgesinde. 3. Nachdem neuerlicher Zeit eine ungewöhnliche sehr große Communion allhier ehalten, was die Ursache sei, und wer sie dazu angereizt habe. 4. Ob sie auch an der Ceremonie des Brotbrechens Ärgernis haben, 5. Ob sie sich selbst bequemen und zur Communion, wenn künftig, jedoch auf vorgegangenen Unterricht der Prediger, die fraction eingeführt wird, einstellen wollten.“*[49] Auf die dritte Frage antwortete der Magistrat, der Pfarrer habe am Freitag vor der fraglichen Kommunion bekannt gemacht, dass man vor dem Weihnachtsfest noch einmal das Abendmal halten wolle; wer sich dazu finden wolle, solle sich sonnabends anmelden. Durch diese Kommunionsfeier habe der Pfarrer wahrscheinlich nur den allzu großen Zudrang zu der bevorstehenden Weihnachtskommunion verhüten wollen. Von einer besonderen „Anreizung" zur Teilnahme an dem Abendmahl wisse man nichts. Die Bürger erklärten fast einstimmig, dass sie niemandem in das Herz schauen könnten, welche Absicht der Pfarrer mit der fraglichen Kommunion gehabt habe. Auf die übrigen Fragen antworteten so ziemlich alle Bürger nach den Wünschen des Landgrafen.

Am 4. Januar 1609 wurde dann Pfarrer Georg Vitus von der Kommission für abgesetzt erklärt. Vergeblich bat eine sehr zahlreiche Deputation der Bürgerschaft, ihr den hochgeschätzten Prediger zu lassen. In ihrer Bittschrift an die Kommission baten sie flehentlich, man möge doch nicht der Gemeinde das härteste Leid antun und ihr den geliebten Seelsorger entreißen.aber die Kommission erwiderte, der Pfarrer sei an seiner gegen ihn beschlossenen Amtsentsetzung wegen seines Starrsinns selbst schuld. Er habe alle Ermahnungen und Bitten des Landgrafen mit trotzigem Ungehorsam zurückgewiesen. Weinend ging die Abordnung fort

Die Veröffentlichung der durch ein Schreiben vom 4. Januar bestätigten Dienstentlassung des Pfarrers erfolgte am 7. Januar. Dabei musste sich Vitus noch schriftlich dahin verpflichten, dass er gegen die Person des Landgrafen und gegen die von demselben eingeführte Kirchenreform nie etwas unternehmen wolle. An seiner Stelle wurde am Sonntag nach dem Neujahrstag M. Heinrich Clebius als Pfarrer in der Stadtkirche von dem Superintendenten Reinmann eingeführt und konfirmiert, nachdem man von Marburg die landgräfliche Bestätigung eingeholt hatte. Dem Kaplan Abraham Raid wurde für den Fall, dass er wegen seines Alters über kurz oder lang sein Amt aufgeben müsse, die Verleihung eines Rotenburger Kanonikates zugesichert. Außerdem wurde auch die Amtsentsetzung des Rektors der Stadt-schule ausgesprochen und der Stadtrat aufgefordert, zur Wiederbesetzung des Rektorats ungesäumt Vorschläge zu machen. Dieses Amt übernahm schließlich Rulmann. Doch der Stadtrat musste noch einen scharfen Verweis darüber einstecken, dass durch sein Verschulden bisher ein derartig untaugliches Subjekt an der Spitze des Lehrerkollegiums gestanden habe. Auch die Entlassung des Lehrers Johann Schaffert wurde am 7. Januar ausgesprochen, da er sich bei dem Verhör mit den Verbesserungspunkten nicht einverstanden erklärte. Schaffert muss sich sogar recht abfällig über die Verbesserungspunkte geäußert und sich recht unbescheiden verhalten haben, wie aus der entsprechenden Akte hervorgeht.[50] Die Kommission berichtete diese Ungebührlichkeit dem Landgrafen, der dann sehr verärgert seine Amtsentsetzung aussprach. Schaffert hatte ohnehin erklärt, dass er lieber seinen Dienst verlieren, als die Verbesserungspunkte annehmen wolle. An seine Stelle trat am 18. Januar auf vorherige Bewilligung des Rates und des neuen

Pfarrers Clebius der Magister Tobias Wille.

9. Neuer Widerstand unter der Bevölkerung Hersfelds

Die Kommissare waren nach Erledigung ihrer Geschäfte von Hersfeld abgereist. Mit größter Zuversicht glaubte Moritz der allmählichen Vollendung der Kirchenreform entgegensehen zu können. Noch während der Anwesenheit der Kommission hatte der Dekan von Rotenburg durch eine Reihe von Predigten, die er in der Hersfelder Stadtkirche hielt, das Volk für die Verbesserungspunkte zu gewinnen versucht. Nach dem Abzug der Kommission war der neue Pfarrer Clebius eifrig bemüht, die ihm aufgetragene Mission getreulichst zu erfüllen. Allein schon die ersten Nachrichten, welche Moritz über den weiteren Verlauf der Dinge in Hersfeld erhielt, gaben ihm die traurige Gewissheit, dass alle seine bisherigen Bemühungen erfolglos gewesen waren. Es wagte sich jetzt langsam der Widerstand hervor, den nur die Autorität des Landgrafen und der Kommission niedergehalten hatte. Eine große Anzahl Bürger erklärte auf das Bestimmteste, dass sie von ihren bisherigen Einrichtungen und dem Katechismus Luthers niemals lassen würden. Pasquillen wurden über Nacht an die Häuser geheftet. Diese Schmähschriften trugen den bittersten Hohn über die landgräflichen Kirchenverbesserungen offen zur Schau. Der hochbetagte Kaplan Abraham Raid, der im Bekenntnis und Dienste der lutherischen Kirche grau geworden war, sprach offen seine Reue über das Ärgernis aus, welches er durch seinen Abfall vom Luthertum der Gemeinde gegeben habe. Er reichte beim Magistrat unter Vorschützung seines hohen Alters, das ihm die weitere Verwaltung des Diakonats unmöglich mache, seine Dienstentlassung ein. Außerdem erhob das Volk laute Klage über den Pfarrer Clebius, dessen schwache Stimme man in der großen Stadtkirche gar nicht verstehen könne. Man forderte den Magistrat auf, für die Berufung eines neuen Pfarrers zu sorgen.

10. Dekan Steins Untersuchung der Vorgänge in Hersfeld

Landgraf Moritz beauftragte am 8. März 1609 den Dekan Stein von Rotenburg sich schleunigst wieder nach Hersfeld zu begeben und den Magistrat sowie den Kaplan Raid wegen aller bis dahin vorgekommenen Ungehörigkeiten zur Rede zu stellen. Der Dekan begab sich also begab sich also zum zweiten Mal nach Hersfeld und legte dem Magistrat und dem Stifte am 14. März die drei Beschwerdepunkte des Landgrafen vor. In der die Verhandlungen mit dem Rate betreffenden Akte, die in Anwesenheit des ganzen Rates angefertigt wurde, spricht der Aktenschreiber von *„I. f. Gn. sonderbaren schriftlich befelch"*[51], den der Dekan vorzutragen hatte. Es scheint, als heuchelte man in Hersfeld größtes Erstaunen, dass der Landgraf noch immer nicht zufriedengestellt sei. Im ersten Beschwerdepunkt sagte Dekan Stein, es sei den Herren des Rates doch sicher „unentsunken", was kürzlich in dem auf fürstlichen Befehl abgehaltenen Examen von den fürstlichen Kommissaren abgehandelt worden sei. Es sei seither doch eine geraume Zeit vergangen, in der man sich wohl hätte informieren lassen können, dass dem allerhöchsten Beispiel Jesu Christi billigerweise das Lob und der Vorzug gegeben werden solle. Deshalb sei es dem Landgrafen nochmaliger gnädiger Befehl, dass die christliche Kommunion und die heiligen Zeremonien des Abendmahls (so jedenfalls, wie Moritz sie in seinen Verbesserungen wünschte) ins Werk gesetzt würden und der Rat den einfältigen frommen Herzen mit gutem Exempel vorleuchten wolle. Die Hersfelder Bürger sollten den Schmalkaldenern nicht nachstehen, die sich doch auch (wenn auch zwangsweise) in die Kirchenverbesserungen gefügt hätten. Weil der Landgraf gehört habe, dass etliche Bürger hätten verlauten lassen, man solle sich nach einem anderen Prädikanten umsehen, so sei es sein weiterer Befehl, dass der Rat ein solches unzeitiges Ersuchen hintertreiben und die Bürger zur Ruhe bringen wolle. Auch sei zu sagen, dass der hersfeldische Rat die Präsentation des jetzigen Prädikanten M. Clebius mit der Bemerkung begründet habe, dass selbiger schon mit im Vorschlage gewesen sei, als Pfarrer Vitus angenommen worden war, zu dieser Zeit auch in Hersfeld gepredigt habe, in der Stadtschule gepredigt habe und letztlich auch von ehrlicher Eltern Herkommen sei. Deshalb könne man auch an seiner Lehre keinen Tadel finden.

Der Landgraf lasse fragen, warum man sich deshalb nunmehr über ihn beschweren würde. Weil schließlich Pasquillen an die Häuser geklebt worden seien, sei es I. f. Gn. ernster Befehl, dass der Herr Schultheiß kraft seines tragenden Amtes ein „wackeres" Auge habe und mit dem Rat mit allem Ernst in Erfahrung bringen solle, wer die Pasquillenschreiber seien und diejenigen, die die Finsternis mehr liebten als das Licht und mit ihrem Beginnen die einfältigen Herzen beunruhigten. Dieselben sollten einer gebührlichen Bestrafung zugeführt werden. In ihrer Antwort erklärten die Stadträte, dass man sich wohl noch an den von den von den fürstlichen Kommissaren gehaltenen Vortrag über die Verbesserungspunkte erinnern könnte und würde auch die Einführung der Zeremonie des Brotbrechens beim Abendmahl gemäß ihren Zusagen unterstützen. Sie wollten ja auch gerne den Einfältigen mit gutem Beispiel vorangehen, aber weil sie doch alle noch nicht genügend über die Verbesserungspunkte unterrichtet worden seien, so hätten sie also bisher dieser ihrer Zusage bisher noch nicht nachkommen können. Der Pfarrer hätte auch erst für den Sonntag Reminiscere zum ersten Mal das Abendmahl zu halten angekündigt und sie auch meistenteils als noch nicht „qualifiziert" erachtet. Sowohl die Kirchenältesten als auch etliche Bürger hätten gesagt, dass sie den Pfarrer wohl noch nicht recht verstehen könnten. Sie seien aber alle nicht ungeneigt, ihren der Kommission gemachten Zusagen nachzukommen, sofern der Pfarrer die Verbesserungspunkte der Gemeinde etwas deutlicher und verständlicher, als es bisher geschehen sei, jedoch mit Beschei-denheit erklären würde. Geschähe dies, so dürfe man hoffen, dass - sofern sie nicht durch andere unverhofft vorfallende Ursachen davon abgehalten würden - die auf das bevorstehende Fest Annunciationis Mariae angekündigte Abendmahlsfeier recht zahlreiche Teilnehmer finden werde. Zum zweiten Beschwerdepunkt erklärten sie, dass der Wunsch , einen anderen Pfarrer zu haben, von den Mitgliedern des Stadtrates niemals ausgesprochen worden sei. Lediglich die Kirchenältesten seien vor ihnen im Rathaus erschienen und hätten sich beschwert, dass die Stühle und Bänke in der Kirche sehr leer blieben. Die Leute würden sich an den Sonn- und Bettagen nicht mehr so fleißig zur Kirche begeben, wie es früher (bei Pfarrer Vitus) geschehen sei. Das ginge ihnen schmerzlich zu Herzen. Sie könnten es auch in ihrem Gewissen nicht verantworten, wenn sie solches der Obrigkeit nicht anzeigen würden. Sie bäten um Einsehen, denn der größte Teil der Bürgerschaft beschwere sich zum höchsten. Obwohl sie ja gerne Gottes Wort hören wollten, um ihr Herz damit zu trösten, so könnten sie doch nun einmal nicht den Herrn Pfarrer verstehen. Sie wollten deshalb gebeten haben, den fürstlich hersfeldischen Herrn Präsidenten und Kanzler zu Rate zu ziehen und ihre Bedenken darüber vorzutragen. So sei es auch geschehen und bisher sei es auch dabei geblieben, denn man hoffe, dass der Pfarrer in der Predigt und der Auslegung der Schriften etwas langsamer und verständlicher reden würde, solange die Gemeinde sich noch nicht an seine „sprach und ausrede" gewöhnt habe. Im übrigen habe man Pfarrer Glebius damals vorgeschlagen, weil seine Aussprache damals besser und verständlicher gewesen sei als jetzt. Man wolle aber hoffen, dass sie sich wieder so bessern werde, dass derartige Klagen der Bürger und Kirchenältesten nicht mehr vonnöten sein würden. Was die ärgerlichen Pasquillen betreffe, so erklärten sie zum dritten Beschwerdepunkt, habe dies der Rat sehr ungern vernommen. Man erachte sich schuldig, da diese Diffamanten ausfindig gemacht werden konnten, sie einer gerechten Strafe zuzuführen.[52]

Die von dem Kaplan Abraham Raid begehrte Amtsentsetzung betreffend erklärte Präsident von Scholley, dass darüber der Superintendent schon benachrichtigt sei. Er bemerkte jedoch, der Kaplan habe diesen Schritt nicht bloß seiner geschwächten Gesundheit halber, sondern vielmehr darum getan, weil ihm, wie er sich mehrfach geäußert habe, seit mehreren Monden ein nagender Wurm im Gewissen sitze. Der Dekan beschied den Kaplan in die Kirche und forderte ihn im Beisein des Pfarrers Clebius auf, seines gegebenen Versprechens eingedenk zu sein und der Kirchenverbesserung kein Hindernis in den Weg zu legen. Raid entgegnete jedoch, sein körperliches Befinden habe sich seit einiger Zeit derartig verschlimmert, dass er die Kanzel nicht mehr betreten und nur allenfalls den Kelch bei dem Abendmahl administrieren könne. Der Dekan hatte sich nun aller von Moritz erhaltenen Aufträge entledigt. Er begab sich nach Rotenburg zurück und berichtete am 16. März über das Ergebnis seiner Mission nach Kassel. Aber nur zu früh musste es sich herausstellen, dass eine feste Begründung der neuen kirchlichen Zustände immer noch nicht gewonnen war.

11. Die Verabschiedung von Pfarrer Vitus und die Entlassung des Kaplans Abraham Raid

Der entlassene Pfarrer Vitus, für den die Gemeinde in so rührender Weise am 4. Januar die Gnade des Landgrafen angerufen hatte, schickte sich an, um am 21. März Hersfeld zu verlassen. Er gab dabei dem Rat zu verstehen, *„das er bey Wahrung seins Dinsts nichts für sich bracht, Und es ohn des Im Ambt Rottenberg (Rotenburg) breuchlich, Wan ein Pfarher verstirbt, Das seiner Wittiben Jehrlich ein genantes* (eine gewisse Summe Geldes) *Zu ihrem Underhalt gegeben wirdt, Und es Nuhn Ahn deme* (sei), *Das er seinen fus fortsetzen, Und Zur erhalttung Weib und Kinder, nach Andern Dinsten sehenn muste. Darauff ihm zum Abzug ein merkliches Uffgehen Würde, So wolte er Dinstlich gebetten haben, Das man Ihnen, Wegen seiner getrewen geleistetenn Dinsten, mit einer Zulage, Zu seinem Abzug günstig bedencken wolte, ...* "[53] Hierauf verordnete der Rat, *„Ob sie zwar liebers nichts hetten sehen möchten, Dann das er bey Ihnenn und der gemeinen Bürgerschafft lenger In seinem Ambt geblieben were,* "[54] ihm die nicht geringe Summe von fünfzig Gulden zu geben. Der Abzug des Pfarrers Vitus von Hersfeld wurde zu einer großen Demonstration. Der Pfarrer Clebius schreibt darüber an Dekan Stein in Rotenburg: *„Da war ein groß Valedicirens (Lebewohlsagen), Weinens und Heulens Bei Alten und Jungen, Großen und Kleinen.* "[55] Das ganze Volk jammerte um den teuren Seelenhirten, der ihm entrissen worden war. Dem neuen Pfarrer Clebius wurde übel mitgespielt. Er berichtete weiter an Dekan Stein. Er habe am 19. März in der Morgenpredigt dem versammelten Volke die Verkehrtheit des lutherischen Glaubens zu beweisen versucht. Kaum aber habe man den Anfang der Erörterung gehört, als sofort alles Volk von den Plätzen aufgesprungen und zur Kirche hinausgeeilt sei. Am Nachmittag, als er wieder gepredigt habe, seien außer sehr wenigen Bürgern nur der Schultheiß und der Stadtschreiber zur Kirche gekommen. Letzterer habe, vielleicht in böser Absicht, seine Predigt in der Kirche niedergeschrieben. Die Stadtschule und der Konfirmandenunterricht sei fast von allen Kindern verlassen, da die Eltern ihre Kinder zu anderen Lehrern schickten, wo sie den Katechismus Luthers lernen müssten. Die hauptsächlichste Störung der Reform gehe aber von dem Kaplan aus, der ihn neulich durch einen auf die Kanzel geschickten Zettel aufgefordert habe, die Gemeinde zu ersuchen, sie möchte doch für ihn, der ein sehr armer, kranker und tiefbekümmerter Mann sei, die Gnade Gottes anflehen und ihm allen Ärger, den er durch den Abfall von der lutherischen Lehre gegeben habe, mit christlicher Liebe verzeihen. Außerdem habe

ihm derselbe am 20. März gemeldet, dass er bei seinen mit jedem Tag zunehmenden Körperleiden zur Administrierung des Kelches bei dem Abendmahl nicht fähig sei. Er werde sich aber auch in keiner Weise zur Darreichung des Kelches verstehen, wenn sich sein Befinden wider alles Erwarten bessern sollte. Er wolle lieber die Menschen erzürnen, als sein Gewissen beschweren. Wenn die auf das bevorstehende Fest Mariae Verkündigung angesetzte Kommunion, bei welcher Clebius den neuen Ritus zum ersten Male anzuwenden gedachte, nicht den nachteiligsten Eindruck auf die Bürgerschaft machen sollte, so war die herkömmliche Anwesenheit zweier Geistlicher erforderlich. Auf die dringendste Bitte des Pfarrers entschloss sich daher Dekan Stein, die Administrierung des Kelches selbst zu übernehmen.

Als der erwartete Festtag herangekommen war, umstand das Volk massenhaft den Chor, um zu sehen, wer an der Kommunion teilnehmen und was bei derselben vorgehen werde. Nur vierzehn Kommunikanten traten an den Altar heran, der Schultheiß, zwei Stadträte, fünf Ratsverwandte, der neue Rektor der Stadtschule Rulmann, der Lehrer Tobias Wille, ein Hospitalit und der Pfarrer mit seinen beiden Söhnen. Von den sieben Kirchenältsten war niemand erschienen.

Den erwarteten Eindruck auf die Bürgerschaft hatte die Kommunionfeier in keiner Weise gemacht. Als daher Clebius am Ostersonntag wieder das Abendmahl halten wollte, fand sich niemand, der die Kommunion begehrte: Der Tisch des Herrn war umsonst gedeckt worden. Der schwer verbissene Ärger der Gemeinde erhielt vielmehr jetzt neue Nahrung, da Clebius den Altar mit einer schwarzen Decke behangen und eine Schwelle zum Auftritt hinter demselben angebracht hatte. Am Ostermontag musste er deshalb die bittersten Vorwürfe der Kirchenältesten hören. Die Verwirrung, welche durch die aufgedrungene Kirchenraform in alle Verhältnisse der Stadt gekommen war, wuchs mit jedem Tage mehr. Der Lehrer Johannes Engelbrecht, der sich früher für die Verbesserungspunkte erklärt hatte, nahm seine Erklärung reumütig zurück. Am 9. April wurde er vom Superintendenten Reinman aus dem Schuldienst entlassen, *„weil er sich bey der communion einzustellen bedenckens getragen.* "[56] Der Kaplan Abraham Raid, der Trost aller bekümmerten Herzen in Hersfeld, hatte sich nun von allen dienstlichen Funktionen losgesagt und wurde ebenfalls entlassen. An seine Stelle trat Eckhardus Arcularius. Doch die innere Abneigung der Gemeinde gegen den Pfarrer in der Klage über seine Unverständlichkeit und seinen mangelhaften Vortrag machte sich immer wieder und immer bedenklicher Luft.

12. Der zweite Besuch des Landgrafen in Hersfeld und die Absetzung des Presbyteriums

Landgraf Moritz war jetzt überzeugt, dass es höchste Zeit sei, auf der exaktesten Vollstreckung aller die Kirchenreform betreffenden Bestimmungen nachdrücklichst zu bestehen. Er begab sich daher nochmals in eigener Person am 24. April nach Hersfeld und ließ sich von dem Pfarrer in einem schriftlichen Bericht über alle kirchlichen Verhältnisse der Stadt die genaueste Auskunft geben. Er forderte die Räte des Stiftes, den Magistrat und das Presbyterium (die Kirchenältesten) unter Androhung seiner höchsten Ungnade und mit dem Hinweis auf die gerechten Strafen Gottes, von welchen sie im Falle weiteren Widerstrebens sicherlich getroffen würden, auf, ihre Zusagen, die sie vor wenigen Monaten seiner Kommission gegeben hatten, eingedenk zu sein und die Aussöhnung der Gemeinde mit der neuen kirchlichen Ordnung durch ihren ganzen Einfluß zu unterstützen. Der Magistrat versuchte, sich in einer schon am 16. April geschriebenen und am 25. April im Stift vor dem Landgrafen verlesenen Eingabe zu entschuldigen. Die Androhung der landgräflichen Ungnade verfehlte ihre Wirkung nicht. Man erklärte nochmals, sich der neuen kirchlichen Ordnung fügen zu wollen, und versicherte den Landgrafen der vollkommensten Sympathie für die Kirchenverbesserung. Auch der Präsident des Stiftes von Scholley erklärte, dieselbe nach wie vor im Auge behalten und eifrigst fördern zu wollen. Zu den von dem Pfarrer in seinen Berichten vorgebrachten Beschwerden erklärte man, dass sich auch die Ratsverwandten der der Kommission gegebenen Zusagen erinnern würden. Wenn sie bisher dem Abendmahl ferngeblieben seien, so sei das kein Vergessen der gegebenen Zusagen oder Verachten der Zeremonien des Brotbrechens; sie seien sicher verhindert worden, sei es, dass sie auf Reisen nach Frankfurt oder Leipzig gewesen seien, oder aber durch andere Gründe verhindert gewesen seien. Diese Begründung klingt zwar etwas gequält und an den Haaren herbeigezogen, aber irgendwie mussten die Hersfelder ihr Fernbleiben vom Abendmahl ja begründen. Der Magistrat schreibt weiter, es würde ihn sehr befremden, dass man ihm die Schuld gebe, dass man sich wegen der Auflegung des schwarzen Tuchs auf den Altar und der Anbringung einer Schwelle hinter dem Altar beschwert habe. Der Rat habe vielmehr dem Kastenmeister (Verwalter des Gesamtvermögens, des der Kirchengemeinde) befohlen, selbige Schwelle anbringen zu lassen. Die Klage über die schlechte Aussprache des Pfarrers, über die sich die Bürger beklagt hätten, sei auch bisher nur von den Kirchenältesten vor der fürstlichen Kanzlei im Stift und vor Dekan Stein bei dessen Anwesenheit vorgebracht worden. Sie müssten zwar eingestehen, dass man den Pfarrer M. Clebius selbst bei dem hersfeldischen Präsidenten und dessen Räten vorgeschlagen habe, aber damals sei noch jeder mit ihm zufrieden gewesen. Man wolle hoffen, dass Clebius seine Sprache so ändern und sich dahin bessern werde, dass die ganze Bürgerschaft mit ihm zufrieden sein könne. Was die Klagen des Pfarrers wegen der fünfzehn Gulden betreffe, die Pfarrer Vitus für die Predigten im Spital erhalten habe, weil er ein oder zwei Jahre dort umsonst gepredigt habe, sei es aber nicht an dem, dass diese Summe hinfort jedes Jahr gezahlt werden solle. Die Predigt im Spital sei eingerichtet worden, weil *„die damaliche arme leut in die pfarkirche winthers zeit nicht kommen konnen.* [57] Im übrigen sei die Predigt mit Einwilligung des Herrn Superintendenten in die Stadtkirche verlegt worden. In der Entschuldigungsschrift folgt dann die Namensliste der zehn Leute aus der Bürgerschaft und den Räten, die bisher am Abendmahl teilgenommen hatten. Im übrigen ergeht man sich mit Höflichkeits- und Ergebenheitsfloskeln. Darauf schickte der Landgraf den Sekretär Sengen ins Rathaus und ließ erklären, dass er mit denen, die kommuniziert hätten, zufrieden sei. Er wolle hoffen, dass sich auch die Übrigen bald zur Teilnahme am Abendmahl einstellen wüden. In den anderen Punkten könne er dem Rat keine Schuld geben. Danach ließ der Landgraf die Kirchenältsten zu sich rufen, um mit ihnen zu verhandeln.

Wenn auch die Einwände der Hersfelder gegen die Kirchenverbesserung durchaus verständlich waren - sie wollten dem
christlichen Glauben in der lutherischen Form treu bleiben - so
wirken sie doch hilflos und dürftig und waren den Argumenten des
Landgrafen in keiner Weise gewachsen und seiner Rhetorik klar
unterlegen. Vor allen Dingen besaß auch der Landgraf alle Mittel,
seinen Willen durchzusetzen. Das sollte sich nicht zuletzt einmal
wieder bei der Verhandlung mit den Kirchenältesten zeigen. Diese
ließen noch dieselbe Abneigung gegen die Verbesserungspunkte
erkennen wie früher. Auf Grund ihrer Klage über den Pfarrer
wegen der Auflegung eines schwarzen Tuches auf den Altar an
Stelle der früheren bunten Tücher fragte sie der Landgraf, ob
sie auch wüssten, warum dies geschehen sei und warum sie
nicht am Abendmahl teilgenommen hätten. Darauf antworteten
die Kirchenältesten, dass der Pfarrer ungereimte und grobe
Reden vom heiligen Abendmahl geredet habe. Als der Landgraf
nachfragte, was er denn geredet habe, konnten sie es nicht sagen
mit der Begründung, sie seien alte verlebte Leute, würden nicht
mehr gut hören und könnten deshalb den Pfarrer auch nicht so
recht verstehen. Da hielt ihnen der Landgraf vor, dass sie doch
nicht klagen könnten, wenn sie es doch nicht gehört hätten.
Darauf schränkten die Kirchenältesten ein, sie hätten von den
Bürgern gehört, was der Pfarrer gesagt habe. Als er sich so eine
Weile mit den Kirchenältesten unterhalten hatte und es sich
auf Grund seiner Fragen herausgestellt hatte, dass sie mit den
christlichen Glaubenssätzen und deren Inhalt und Bedeutung
wenig vertraut waren, befahl der Landgraf dem Rat, sich nach
tüchtigen, wohlbelesenen und verständigen Personen umzusehen
und sie an deren Stelle zu setzen.[58] Die Kirchenältesten wurden
daraufhin vom Landgrafen kraft seiner bischöflichen Gewalt
abgesetzt und ihre Stellen mit den ergebensten Anhängern der
Kirchenverbesserungen neu besetzt. Seitdem war der Arm des
Landgrafen stark genug, um den Unmut der Hersfelder Bevölkerung
in den Schranken des Gehorsams zu halten.

13. Die weitere Entwicklung in Hersfeld

Die Absetzung des Presbyteriums war im April 1609 erfolgt. Aber noch im Oktober 1610 richtet Landgraf Moritz an die Einwohner von Hersfeld die Aufforderung, sich besser am heiligen Abendmahl und am Gottesdienst überhaupt zu beteiligen. Er moniert, *„das der rechte Angestellte Gottesdinst bey unns noch schläfferig fortgehe, ...* "[59] Das war kein Wunder, verließen doch zahlreiche Hersfelder Bürger allsonntäglich ihr „Fürstentum", dessen Grenze in südlicher Richtung damals kurz hinter Sieglos lag, um an den Gottesdiensten z.B. in Odensachsen teilzunehmen, die unter dem Schutz des Fuldaer Abtes nach dem lutherischen Ritus abgehalten wurden. In seiner durch den Schultheißen gegebenen Bekanntmachung vom 2. Oktober klagt er deshalb, *„Wie offt und Vielfeltig der Herr Pfarher uff der Canzel sich uber Diese grosse verachtung Des gePredigten Worts undt des heiligen Abentmals Wie auch uber die Jenigen so ausserhalb dieser Pfarkirchen sich mit Anhörung der Predigten Und gebrauchung der heiligen Sacramenten, Von diser Ihm Ahnbefolnen Christlichen gemein Absondern, Zum höchsten beschwert, Und Umb Christi Willen gebeten, daß sie sich solchen Außlauffens Uf Andere Pfarren enthalten, Und bey diser gemein Dahin sie gehörig, gotteswort Anhören, Und des heiligen Abentmalß sich gebrauchen Woltten, ...*"[60] Er wolle sie hiermit nochmals treulich erinnern, *„das sie vonn Ihrem gefasten Wahn Abstehen, sich alhier Zu Gottes Wort finden, Denselben umb Abwendung, Der Vor Unnsern Augen schwebenden grossen Landstrafen, Als Krig, Pestilenz Und theure Zeit, mitt Ihrem Innigen gebet Von herzen AhnRuffenn, sein Wort nicht Verachten, sondern Dasselbige heilig haltten, Und der heiligen Sacramenten Zu sterckung Unsers schwachen glaubens undt gewissens, nach des Hern Christi einsezung, gebräuchen. Wan solches geschicht, so wird der Almechtige Gott Die bevorstehende straffe, der Pestilenz, Krig und theurung, widerumb gnedig Von Unß abnehmen, Und nach seiner grossen Barmherzigkeit, Unß Unsers Ungehorsambs nicht entgelten, sondern Uns seinen segen Und was Unß an Leib und sele, Dinstlich reichlich widerfahren Lassen.*"[61] Man vernehme auch, *„das allenthalben schwere und grosse feuersbrunsten sich erzeugen, Dardurch nit allein einzelne Heuser und scheuren sondn auch ganze städte und Derffer In die Asche gelegt, Dardurch Man weib und Kindere In groß herz Leide Jammern und Not und ins euserst verderben Und an betelstab* *gewiesen worden, ...* [62] Damit nun solches nicht geschehe, so solle ein jeder sein Feuer, sein Heu, Stroh, Flachs, Reisig und Holz so verwahren, daß Haus und Hof und alles, was die Liebe Gottes beschert habe, vor solcher Feuergefahr bewahrt würde. [63] Nach Androhung solcher Gottesstrafen und unter dem behördlichen Zwang stzte sich natürlich die reformierte Lehrauffassung auch in Hersfeld durch. Im Jahre 1694 war man schon so unduldsam gegen die Lutherischen geworden, dass man nur solche Leute in das Hospital * aufnahm, die sich zum reformierten Glauben bekannten. Auch für den Freitisch des Gymnasiums kamen ausschließlich Kinder reformierter Eltern in Betracht. Erst 1785 wurde den Lutherischen in Hersfeld gestattet, eine besondere Abendmahlsfeier von einem Pfarrer ihres Bekenntnisses in der Stadtkirche halten zu lassen. Zu diesem Zweck kam der Pfarrer von Buchenau jährlich einmal nach Hersfeld.

* Das Hospital war für die Aufnahme von Kranken, Armen und Alten 1239 von den Benediktinern gegründet worden und befand sich seit 1344 in städtischem Besitz

14. Zusammenfassung

Wenn es auch den Anschein hat, als ginge es bei der Einführung der Verbesserungspunkte nur um einen religiösen Missionsgedanken, als sei der Eifer, mit dem alle diese Dinge auf der einen Seite betrieben, auf der anderen Seite aber abgelehnt wurden, einem übertriebenen religiösen Fanatismus zuzuschreiben, so ist dies doch nicht ganz der Fall. Gewiß mögen diese Dinge auch eine Rolle gespielt haben, vielleicht sogar eine beträchtliche Rolle, aber in der Hauptsache ging es doch um andere Dinge, nämlich um politische Bestrebungen der einen wie auch der anderen Seite. Die Städte, in denen der Kampf um die Einführung des neuen Ritus am härtesten tobte, Marburg, Schmalkalden und Hersfeld, waren sämtlich Neuerwerbungen der Landgrafen, deren Verbindung zu Hessen-Kassel z.T. noch nicht gesichert war, weil deren Eigenständigkeit gegenüber der Landgrafschaft auf einigen Gebieten vertraglich und testamentarisch festgelegt war. Sie konnten sich deshalb eines gewissen Eigenlebens erfreuen. So ist der Widerspruch der Hersfelder gegen die Verbesserungspunkte zugleich ein Bestreben, eine gewisse politische Selbständigkeit zu bewahren, einen allzu engen Anschluß an Hessen zu verhindern und den Zentralisierungstendenzen des Landgrafen entgegenzuwirken. Dem gegenüber war es der Wunsch des Landgrafen, eine Angleichung der Verhältnisse im Stift Hersfeld an Hessen-Kassel herbeizuführen. Um dasselbe besser assimilieren zu können, setzte er diese Angleichung mit Härte und Energie durch. In dieser Zeit der beginnenden Verabsolutierung der Territorialstaaten war für den Landgrafen eine derartige Zentralisierung und Vereinheitlichung des Fürstentums unbedingt notwendig.

15. Die Zehn Gebote

a) Die Zehn Gebote nach dem Hessischen Katechismus, herausgegeben im Auftrag der Evangelischen Kirche von Kurhessen-Waldeck

1. Ich bin der Herr, dein Gott, der ich dich aus Ägyptenland, aus der   Knechtschaft, geführt habe. Du sollst keine anderen Götter haben neben mir.

2. Du sollst dir kein Bildnis noch irgendein Gleichnis machen, weder von dem, was oben im Himmel, noch von dem, was unten auf Erden, noch von dem, was im Wasser unter der Erde ist: Bete sie nicht an und diene ihnen nicht! Denn ich, der Herr, dein Gott, bin ein eifernder Gott, der die Missetat der Väter heimsucht bis ins dritte und vierte Glied an den Kindern derer, die mich hassen, aber Barmherzigkeit beweist an vielen Tausenden, die mich lieben und meine Gebote halten

3. Du sollst den Namen des Herren, deines Gottes, nicht mibrauchen; den der Herr wird den nicht ungestraft lassen, der seinen Namen mißbraucht

4. Gedenke des Sabbattages, dass du ihn heiligest. Sechs Tage sollst du arbeiten und alle deine Werke tun. Aber am siebenten Tage ist der Sabbat des Herrn, deines Gottes. Da sollst du keine Arbeit tun, auch nicht dein Sohn, deine Tochter, dein Knecht, deine Magd, dein Vieh, auch nicht dein Fremdling, der in deiner Stadt lebt. Den in sechs Tagen hat der Herr Himmel und Erde gemacht und das Meer und alles, was darinnen ist, und ruhte am siebenten Tage. Darum segnete der Herr den Sabbattag und heiligte ihn.

5. Du sollst deinen Vater und deine Mutter ehren, auf dass

du lange lebest in dem Lande, das dir der Herr, dein Gott, geben wird.

6. Du sollst nicht töten.
7. Du sollst nicht ehebrechen.
8. Du sollst nicht stehlen.
9. Du sollst nich falsch Zeugnis reden wider deinen Nächsten.
10. Du sollst nicht begehren deines Nächsten Haus. Du sollst nicht begehren deines Nächsten Weib, Knecht, Magd, Rind, Esel noch alles, was dein Nächster hat.

b) Die Zehn Gebote nach dem Kleinen Katechismus D. Martin Luthers, herausgegeben im Aftrag der Evangelischen Kirche in Hessen und Nassau

1. Ich bin der Herr, dein Gott. Du sollst nicht andere Götter haben neben mir.
2. Du sollst den Namen des Herrn, deines Gottes, nicht unnütz gebrauchen; denn der Herr wird den nicht ungestraft lassen, der seinen Namen mißbraucht.
3. Du sollst den Feiertag heiligen.
4. Du sollst deinen Vater und deine Mutter ehren, auf dass dir's wohlgehe und du lange lebest auf Erden.
5. Du sollst nicht töten.
6. Du sollst nicht ehebrechen.
7. Du sollst nicht stehlen.
8. Du sollst nicht falsch Zeugnis reden wider deinen Nächsten.
9. Du sollst nicht begehren deines Nächsten Haus.
10. Du sollst nicht begehren deines Nächsten Weib, Knecht, Magd, Vieh noch alles, was sein ist.

16. Quellennachweis

a) Handschriften des Stadtarchivs Bad Hersfeld

• E XXXIV. 1. 1c Die auf der Synode in Eschwege den Predigern zur Beantwortung vorgelegten Punkte und Antworten darauf 1607

• E XXXIV. 1. 1d Entfernung der Bilder und Götzen aus der Stadtkirche1608

• E XXXIV. 1. 1e Das in der Stadtkirche eingeführte Brotreichen beim Abendmahl und die Widerstände dagegen 1609-10

• Stadtratsgedenkbuch, sogen. „Rotes Buch", Sa 1a, folio 121/22 und folio 123b

• Der Hessische Katechismus, herausgegeben im Auftrag derEvangelischen Kirche von Kurhessen-Waldeck, 4. Auflage JohannesStauda-Verlag Kassel 1965

• Der Kleine Katechismus D. Martin Luthers, herausgegeben im Auftrag der Evangelischen Kirche in Hessen und Nassau, Evangelischer Presseverband in Hessen und Nassau e.V. Frankfurt am Main

b) Sekundärliteratur

• Bad Hersfelder Jahresheft 1959, Herausgeber in Verbindung mit der Stadt Bad Hersfeld Gerhard Uhde

• Demandt, Karl Ernst: Geschichte des Landes Hessen, Kassel 1959

• Demme, Louis: Nachrichten und Urkunden zur Chronik von Hersfeld, Erster Band, Hersfeld 1891

• Freudenstein, Erich: Bilder aus der Kirchengeschichte Hersfelds, Hersfeld 1938

• Griewank, Theodor: Das „christliche Verbesserungswerk" des Landgrafen Moritz und seine Bedeutung für die Bekenntnisentwicklung der kurhessischen Kirche, im Jahrbuch der hessischen kirchengeschichtlichen Vereinigung, Band 4, 1953

• Hassencamp, F. W.: Hessische Kirchengeschichte seit dem Zeitalter der Reformation, 2 Bände, Frankfurt 1864

• Heppe, Heinrich: Die Einführung der Verbesserungspunkte in Hessen von 1604 - 1610 und die Entstehung der hessischen Kirchenordnung von 1657 als Beitrag zur Geschichte deutschreformierten Kirche, Kassel 1849

• Heppe, Heinrich: Kirchengeschichte beider Hessen, 2 Bände, Marburg 1876

• Neuhaus, Wilhelm: Geschichte von Hersfeld, Von den Anfängen bis zur Gegenwart, 2. Auflage, Hans Ott-Verlag , Bad Hersfeld

• Franz Carl Theodor Piderit: Denkwürdigkeiten von Hersfeld, Hersfeld 1829, im Industrie-Comptoir

• Rommel, Christoph: Geschichte von Hessen, 3. u. 4. Band, Kassel 1827-30

• Winkelmann, Johann Justus: Johann Justus Winkelmanns Gründliche Beschreibung der Fürstenthümer Hessen und Hersfeld, Teil 1 - 5, Bremen 1697

17. Endnoten

1 vergl.: Rudolf Kellermann und Wilhelm Treue: Die Langen und die Kurzen Hessen, Auf alten Wegen von Homberg und Alsfeld nach Osterode, Herausgegeben von den Kamax-Werken, Rudolf Kellermann, Osterode am Harz, Homberg (Oberhessen) und Alsfeld, 1970, S. 20

2 vergl.: Georg Landau: Beiträge zur Geschichte der alten Heer- und Handelsstraßen in Deutschland, Hessische Forschungen zur geschichtlichen Landes- und Volkskunde, Heft 1, Bärenreiter-Verlag Kassel und Basel, 1958, S. 85

3 vergl.: Rudolf Kellermann und Wilhelm Treue: Die Langen und die Kurzen Hessen, Auf alten Wegen von Homberg und Alsfeld nach Osterode, Herausgegeben von den Kamax-Werken, Rudolf Kellermann, Osterode am Harz, Homberg (Oberhessen) und Alsfeld, 1970, s.o., S. 3

4 vergl.:Wilhelm Södler: Spuren der Vergangenheit, Früh- mittelalterliche und mittelalterliche Spuren in Ludwigsau-Mecklar, im Eigenverlag 1999 - 2000, S. 12/13

5 vergl.: Rudolf Kellermann und Wilhelm Treue: Die Langen und die Kurzen Hessen, Auf alten Wegen von Homberg und Alsfeld nach Osterode, Herausgegeben von den Kamax-Werken, Rudolf Kellermann, Osterode am Harz, Homberg (Oberhessen) und Alsfeld, 1970, S. 32

6 vergl.: Rudolf Kellermann und Wilhelm Treue: Die Langen und die Kurzen Hessen, Auf alten Wegen von Homberg und Alsfeld nach Osterode, Herausgegeben von den Kamax-Werken, Rudolf Kellermann, Osterode am Harz, Homberg (Oberhessen) und Alsfeld, 1970, S. 16

7 Dr. Hans Bahlow: DEUTSCHLANDS ÄLTESTE FLUß- UND ORTSNAMEN, Teil 2, erschienen im Verlage des Verfassers, Hamburg 1963 S . 8/9

8 Dr. Hans Bahlow: DEUTSCHLANDS ÄLTESTE FLUß-
UND ORTSNAMEN, Teil 2, erschienen im Verlage des Verfassers,
Hamburg 1963, S. 111

9 vergl. Dr. Hans Bahlow: DEUTSCHLANDS ÄLTESTE
FLUß- UND ORTSNAMEN, Teil 2, erschienen im Verlage
des Verfassers, Hamburg 1963, S. 179

10 Heinrich Blum:Hessische Heimatgeschichte, Im Bärenreiter-
Verlag zu Kassel 1933, S. 23

11 Philipp Hafner: Die Reichsabtei Hersfeld bis zur Mitte
des 13. Jahrhunderts; Hersfeld im Jubeljahr 1936, Zweite , neu
bearbeitete Auflage, Hans Ott Verlag - Druck der Hoehlschen
Buchdruckerei Hersfeld, S. 1

12 vergl. Wilhelm Södler: Spuren der Vergangenheit, Frühmittelalterliche und mittelalterliche Spuren in Ludwigsau-Mecklar,
im Eigenverlag 1999 - 2000, S. 48

13 vergl.: Wilhelm Södler: Spuren der Vergangenheit, Frühmittelalterliche und mittelalterliche Spuren in Ludwigsau-Mecklar,
im Eigenverlag 1999 - 2000, S. 49

14 Franz Carl Theodor Piderit: Denkwürdigkeiten von Hersfeld,
Hersfeld 1829, im Industrie-Comptoir, S. 36

15 vergl.: Elisabeth Ziegler: Das Territorium der Reichsabtei
Hersfeld, Schriften für Landeskunde von Hessen und Nassau
in Verbindung mit Marburger Fachgenossen herausgegeben von
EDMUND STENGEL, 7. Stück, N.G. Elwert´sche Buchhandlung
(Kommissionsverlag), Marburg 1939, S. 14 ff

16 vergl.: Elisabeth Ziegler: Das Territorium der Reichsabtei
Hersfeld, Schriften für Landeskunde von Hessen und Nassau
in Verbindung mit Marburger Fachgenossen herausgegeben von
EDMUND STENGEL, 7. Stück, N.G. Elwert´sche Buchhandlung
(Kommissionsverlag), Marburg 1939, S. 15 ff

17 Mutmaßliche Supplik des Hersfelder Abtes an den Landgrafen wegen hessischer Übergriffe in der Gegend des Seulingswaldes, der Fulda und des Baches Solz, nach Elisabeth Ziegler: Das Territorium der Reichsabtei Hersfeld, Schriften für Landeskunde von Hessen und Nassau in Verbindung mit Marburger Fachgenossen herausgegeben von EDMUND STENGEL, 7. Stück, N.G. Elwert'sche Buchhandlung (Kommissionsverlag), Marburg 1939, S. 202

18 vergl.: Elisabeth Ziegler: Das Territorium der Reichsabtei Hersfeld, Schriften für Landeskunde von Hessen und Nassau in Verbindung mit Marburger Fachgenossen herausgegeben von EDMUND STENGEL, 7. Stück, N.G. Elwert'sche Buchhandlung (Kommissionsverlag), Marburg 1939, S. 145

19 vergl.: Karl Schellhase: Territorialgeschichte des Kreises Rotenburg an der Fulda und des Amtes Friedewald, N.G. ELWERTsche Verlagsbuchhandlung (Kommissionsverlag), Marburg 1970, S. 121 ff

20 vergl: Karl Schellhase: Territorialgeschichte des Kreises Rotenburg an der Fulda und des Amtes Friedewald, N.G. ELWERTsche Verlagsbuchhandlung (Kommissionsverlag), Marburg 1970, S. 65 ff

21 Helfrich Bernhard Wenck: Hessische Landesgeschichte, Dritter Band, Frankfurt und Leipzig 1803; Urkundenbuch, S. 123

22 vergl.: Wilhelm Neuhaus: Geschichte von Hersfeld, Von den Anfängen bis zur Gegenwart, 2. Auflage, Hans Ott-Verlag, Bad Hersfeld, S. 141

23 Vergl.: Demme, Louis: Nachrichten und Urkunden zur Chronik von Hersfeld, Erster Band, Hersfeld 1891, Beilage 69

24 Vergl. dazu: Rommel, Geschichte von Hessen, Dritter Teil, Erste Abteilung, S. 235-241

25 gemeint ist der Abt

26 abgedruckt bei Demme, Louis: Nachrichten und Urkunden zur Chronik von Hersfeld, Erster Band, Hersfeld 1891, Beilage 79, S. 268, Vertrag zw. Landgraf Philipp und Abt

27 Piderit, Franz Carl Theodor: Denkwürdigkeiten von Hersfeld, Hersfeld 1829, S. 165

28 Demme, Louis: Nachrichten und Urkunden zur Chronik von Hersfeld, Erster Band, Hersfeld 1891, S. 69

29 F.W. Hassencamp, Hess. Kirchengesch. 1.B. S.715

30 Th. Griewank, Das „christliche Verbesserungswerk" des Landgrafen Moritz und seine Bedeutung für die Bekenntnisentwicklung der kurhessischen Kirche, im Jahrbuch der hessischen kirchengeschichtlichen Vereinigung, Bd. 4, 1953, S. 44

31 Auszug abgedruckt bei Griewank a.a.O., S. 52/53

32 Auszug abgedruckt bei Griewank a.a.O., S. 52/53

33 Auszug abgedruckt bei Griewank a.a.O. S. 52/53

34 Handschriften des Stadtarchivs Hersfeld: E XXXIV. 1.1c Bl.3

35 Handschriften des Stadtarchivs Hersfeld: E XXXIV. 1.1c Bl.3

36 Handschriften des Stadtarchivs Hersfeld: E XXXIV. 1.1c Bl.4

37 Handschriften des Stadtarchivs Hersfeld: E XXXIV. 1.1c Bl.4

38 Handschriften des Stadtarchivs Hersfeld: E XXXIV. 1.1c Bl.4

39 vergl.:Handschriften des Stadtarchivs Hersfeld: E XXXIV. 1.1c Bl.3

40 Handschriften des Stadtarchivs Hersfeld: E XXXIV. 1.1c Bl.4

41 vergl.:Handschriften des Stadtarchivs Hersfeld: E XXXIV. 1.1c Bl.4

42 Handschriften des Stadtarchivs Hersfeld: E XXXIV. 1.1c Bl.4

43 Handschriften des Stadtarchivs Hersfeld: E XXXIV. 1.1c Bl.4

44 Handschriften des Stadtarchivs Hersfeld: E XXXIV. 1.1c Bl.4

45 Handschriften aus dem Stadtarchiv Hersfeld: E XXXIV. 1.1d Bl. 5

46 Handschriften aus dem Stadtarchiv Hersfeld: E XXXIV. 1.1d Bl. 6

47 Handschriften aus dem Stadtarchiv Hersfeld: E XXXIV. 1.1d Bl. 5

48 Stadtratsgedenkbuch, sogen. „Rotes Buch", Sa 1a folio 121

49 Heppe, Heinrich: Die Einführung der Verbesserungspunkte in Hessen von 1604 - 1610 und die S.163

50 vergl.: Stadtratsgedenkbuch, sogen. „Rotes Buch" Sa 1a, folio 122

51 Handschrift des Stadtarchivs Hersfeld, E XXXIV. 1. 1e Bl. 8
52 vergl.: Handschrift des Stadtarchivs Hersfeld, E XXXIV. 1. 1e Bl. 8

53 Louis Demme: Chronik von Hersfeld, Erster Band, S.369 (Beilage 115)

54 Demme, Louis: Nachrichten und Urkunden zur Chronik von Hersfeld, Erster Band, Hersfeld 1891, S. 369 (Beilage 115)

55 Neuhaus, Wilhelm: Geschichte von Hersfeld, Von den Anfängen bis zur Gegenwart, 2. Auflage, Hans Ott-Verlag , Bad Hersfeld, S. 157

56 Stadtratsgedenkbuch, sogen. „Rotes Buch", Sa 1a, folio 123b

57 Handschrift des Stadtarchivs Hersfeld, E XXXIV. 1. 1e Bl. 8

58 Vergl.: Handschrift des Stadtarchivs Hersfeld, E XXXIV. 1. 1e, Bl. 8

59 Handschrift des Stadtarchivs Hersfeld, E XXXIV. 1. 1e Bl. 9

60 Handschrift des Stadtarchivs Hersfeld, E XXXIV. 1. 1e Bl. 9

61 Handschrift des Stadtarchivs Hersfeld, E XXXIV. 1. 1e Bl. 9

62 Handschrift des Stadtarchivs Hersfeld, E XXXIV. 1. 1e Bl. 9

63 vergl.: Handschrift des Stadtarchivs Hersfeld, E XXXIV. 1. 1e Bl. 9